kailash

Wolf-Dieter Storl

Die alte Göttin und ihre Pflanzen

Wie wir durch Märchen zu unserer Urspiritualität finden

kailash

FSC
www.fsc.org
MIX
Papier | Fördert gute Waldnutzung
FSC® C106855

Penguin Random House Verlagsgruppe FSC® N001967

12. Auflage
Originalausgabe

in der Penguin Random House Verlagsgruppe GmbH,
Neumarkter Straße 28, 81673 München
produktsicherheit@penguinrandomhouse.de
(Vorstehende Angaben sind zugleich
Pflichtinformationen nach GPSR)

Redaktion: Janette Schroeder
Illustration: Florian Mitgutsch
Umschlaggestaltung und Layout: Daniela Hofner, München
Umschlagmotiv: Frank Brunke
Satz: Satzwerk Huber, Germering
Druck und Bindung: Print Consult, München
Printed in Slovenia
ISBN 978-3-424-63080-0

www.kailash-verlag.de

Inhalt

Bevor wir in den Wald gehen

Wir gehen durch den Wiesentau,
Wir gehen zu der Kräuterfrau,
Die wohnt im dichten Wald.
Richard von Schaukal: Die Hexe

Wer ist nur diese kräuterkundige Frau, die da im dichten Wald wohnt? Ihrer taufrischen Spur wollen wir in diesem Buch nachgehen. Und diese Spur führt uns nicht nur über blühende Wiesen, durch moosbewachsene Wälder und in dunkle Schluchten, sondern auch in die Tiefen unseres eigenen Wesens. Sie erhellt unseren kulturellen Werdegang, verbindet uns mit unseren Vorfahren und zuletzt mit den Bildern unserer innersten Seele. Diese Alte, die sämtliche heilende Kräuter kennt, ist keine andere als die Große Göttin, die

Herrin des Lebens und des Todes. Wir werden sehen, dass schon unsere steinzeitlichen Vorfahren sie kannten und verehrten.
Aber ehe wir uns in steinzeitliche Gefilde wagen, um mehr über die Göttin und die ihr geweihten Pflanzen zu erfahren, so wie sie uns bis heute in Märchen, Sagen und Mythen überliefert wurden, wollen wir in der neueren Zeit anfangen.

Die Zeit des Vergessens

In den fünfziger Jahren, als ich im amerikanischen Mittelwesten aufwuchs, schien es der weiblichen Hälfte der Schöpfung nicht allzu gut zu gehen. Während die Männer in Büros oder in den Fabriken ihren Brotberufen nachgingen, blieben die Frauen zuhause. Haushalt, Vorgarten und die Bingo-Partys der Wohltätigkeitsorganisationen füllten sie nicht aus. Apparaturen – Staubsauger, Kühlschränke, Spülmaschinen, elektrischer Grill, Waschmaschinen – verrichteten die meiste Arbeit. Tiefkühltruhen, Fast Food und das Warenüberangebot in den Supermärkten machten Gemüsegärten, Einmachen, Dörren, Vorratshaltung und -pflege überflüssig. Mit Spinnen, Weben und Kleidungsherstellung war es sowieso vorbei. Krankenhäuser und Kliniken kümmerten sich nun um die Kranken, Schulen und Jugendeinrichtungen um die Kinder, Seniorenheime um die Alten und Gebrechlichen. Der moderne Fortschritt hatte den Bereich der weiblichen Tätigkeiten ausgehöhlt und überflüssig gemacht. Der Mann dagegen machte das Geld. Und Geld bedeutet Geltung. Frauen wurden fernsehsüchtig, Soaps und das Glitzerleben schillernder Stars wurden zum Inhalt ihres Seelenlebens. Viele Frauen wurden alkoholkrank oder abhängig von sedierenden, narkotisch wirkenden Barbituraten. Manch süßer Engel verwandelte sich im Laufe der Zeit zum neurotischen Putzteufel oder Hausdrachen. Besonders schlimm wurde es, wenn die Kinder das Haus verließen. Soziologen sprachen von den »grünen Witwen« der Vorstadt, die da, alleingelassen in ihren gepflegten Vorortvillen vor sich hin vegetierten. Nicht wenige nahmen insgeheim Rache an ihren Männern, indem sie die Kinder, insbesondere die Söhne, an sich banden und gegen den Vater, den Dad, in Stellung brachten. Die Söhne hatten es deswegen schwer, zur Reife und psychologischen Unabhängigkeit zu gelangen. Sie wurden zu Muttersöhnchen. Was ihnen fehlte, waren die schmerzhaften Initiationsriten, die in traditionellen Gesellschaften den jungen Männern dabei helfen, sich vom Rockzipfel der Mutter zu lösen. Philip Wylie (in Generations of Vipers, 1942) nannte das Phänomen, wenn sich alles um die besitzergreifende, narzisstische Mom dreht, Momism.

Natürlich nahm diese gesellschaftliche Pathologie nicht erst in der Mitte des letzten Jahrhunderts ihren Anfang, aber sie spitzte sich in dieser Zeit zu. Schon vorher hatte die Entwicklung hin zur industriellen Massengesellschaft die Sphäre des sinnvollen und erfüllten weiblichen Schaffens zurückgedrängt. Für Kriege und koloniale Expansionen waren von Testosteron getriebene Soldaten nötig; für die Schwerindustrie harte, muskulöse Kerle und ebenso hart kalkulierende Bosse. Nicht alle Frauen waren mit den ihnen zugewiesenen, unterstützenden Rollen – als Sekretärinnen, Krankenschwestern, Grundschullehrerinnen oder Verkäuferinnen – zufrieden. Sie fanden eine Stimme in den Werken von Simone de Beauvoir, Betty Friedan und anderen Feministinnen. Die Matriarchatsforschung hatte plötzlich Hochkonjunktur, der Geschlechterkrieg erreichte einen neuen Höhepunkt.

Die Utopie vom ursprünglichen Matriarchat

Und da, mit dem Matriarchat, der Frauenherrschaft, und der ursprünglichen Urgöttin, sind wir wieder beim Thema. Die Idee wurde zuerst von dem wohlhabenden Basler Seidenfabrikanten und Rechtsgelehrten Johann Jakob Bachofen (1815–1887) formuliert. Im Jahr 1861 veröffentlichte er ein Werk mit dem Titel *Das Mutterrecht*. Die Urmenschen, so schreibt er, lebten besitzlos, klassenlos und, da sie keine Ahnung von Vaterschaft hatten, in sexueller Promiskuität. Jeder vögelte also mit jedem, sodass die Vaterschaft unbekannt blieb. Folglich führten diese Menschen ihre Abstammung auf ihre Mutter zurück. Die Mutter war demnach die Mitte der Gesellschaft. Eine Muttergöttin war die Herrin des Universums und nicht, wie es das patriarchale christliche Dogma verkündet, ein allmächtiger, väterlicher Schöpfergott. In Bachofens Weltbild verlief die menschliche Evolution vom weiblichen Pol – assoziiert mit Dunkel, Erde, Nacht, Linksorientierung, Stofflichkeit (Materie *von* mater = *lateinisch:* Mutter), Gefühl – hin zum Männlichen, assoziiert mit Licht, Tag, Sonne, Rechtsorientierung, Verstand, Willenskultur und Spiritualität. Um seine These zu belegen, stöberte er vor allem in der nahöstlichen und frühgriechischen Mythologie und suchte sich heraus, was ihm passend erschien.

Um eine Idee zu verstehen, hilft es manchmal, sich mit der Biographie des Autors zu befassen. Über Johann Jakob Bachofen erfahren wir, dass er zeitlebens von seiner Mutter Valeria dominiert wurde. Er wohnte im elterlichen Haus; als er im Alter von 50 Jahren schließlich heiratete, soll die Mutter noch immer in seine Ehe hineingeredet haben. War er vielleicht das Opfer einer Übermutter? Kulturanthropologisch betrachtet ist seine Theorie ein Brimborium und wäre wahrscheinlich sang- und klanglos in Vergessenheit geraten, hätte nicht Friedrich Engels sein Werk gelesen. Engels, der Gönner und Freund von Karl Marx, sah darin eine Bestätigung der kommunistischen Idee. Da stand es schwarz auf weiß: Die heile Welt der Frauenherrschaft und Promiskuität wurde durch das Patriarchat und die Monogamie ersetzt, Gemeinschaftsbesitz durch Privatbesitz, Kooperation durch Ausbeutung. Der Kommunismus würde das ursprüngliche Paradies wiederherstellen.

Zufällig erschien kurz darauf *Ancient Society* (1877), das Buch des New Yorkers Henry Lewis Morgan (1818–1881). Morgan war Logenbruder und wollte die Riten seiner Loge nicht länger auf die alten Ägypter oder Griechen zurückführen müssen, sondern – näher zuhause – auf die Indianer, die in der Region lebten. Deswegen interessierte er sich für das Waldvolk der Irokesen, mit denen er sich befreundete. Die Irokesen waren brandrodende Hackbauern. Sie bauten Mais, Kürbisse, Bohnen und Gänsefußarten an. Ähnlich wie die Bandkeramiker, die ersten Bauern in Mitteleuropa, lebten sie in Langhäusern, in denen jeweils alle Verwandten des mütterlichen Clans untergebracht waren. Während die Männer für die Außenwelt, für die Jagd und Kriegszüge zuständig waren, organisierten die Frauen das Leben innerhalb der Siedlungen und bestellten gemeinsam die Felder, die den Frauenclans gehörten. Es gab keinen Privatbesitz, die Gemeinschaft teilte alle materiellen Güter. Nach der Heirat zog ein Mann ins Langhaus seiner Frau (matrilokaler Wohnsitz). Die Clan-Mütter ernannten die Häuptlinge. Die Verwandtschaftszugehörigkeit wurde durch die mütterliche Linie bestimmt. Henry Lewis Morgan nahm an, dass die Gesellschaftsform dieser Waldindianer die ursprünglichste war.

Auch Morgans Forschung entging dem belesenen Friedrich Engels nicht. Sie war Wasser auf den Mühlen der marxistischen Ideologie. In den Augen von Marx und Engels praktizierten die Irokesen so etwas wie den Urkommunismus. Um die Jahrhundertwende gab es kaum einen gestandenen Proletarier, der nicht etwas über die irokesische Gesellschaft wusste. Inzwischen sehen das die Ethnologen differenzierter. Matrilineare und matrilokale Gesellschaftsformen sind selten und charakterisieren – wie wir später sehen werden – vor allem primitive Hackbauern- und Pflanzervölker. Eine allumfassende Muttergöttin kannten die Waldindianer auch nicht. Es gab zwar eine Erdgöttin – und die Kulturpflanzen waren Verkörperungen von göttlichen Jungfrauen, die aus dem Himmel gefallen waren –, aber sie spielten in der Kosmologie keine sonderlich hervorstechende Rolle.

Die neueste Auflage des Gedankens eines ursprünglichen Matriarchats stammt von Marija Gimbutas (1921–1994). Die Kulturhistorikerin beruft sich auf alteuropäische, neolithische Fundstätten. Sorgfältig durchgeführte Ausgrabungen im Balkan deuten auf die Existenz einer friedlichen und sesshaften, egalitär mutterrechtlichen Bauernkultur hin, in der die Große Göttin verehrt wurde. Doch dann kam das Unglück. Vor rund 6000 Jahren stürmten indoeuropäische Kriegerhorden aus dem Osten herein. Reitervölker und Hirtennomaden aus den Steppen des Wolgabeckens überrannten die matrilinearen Bauern und etablierten eine aristokratische, patriarchale Gesellschaftsordnung. Auch bei Marija Gimbutas färbt der Lebenslauf das Weltbild. Sie ist Litauerin; als junge Frau musste sie mit ihrer Familie vor der Roten Armee fliehen. Es scheint, als übertrage sie ihr persönliches Trauma auf frühhistorische Zeiten.

In Bauerngesellschaften, abhängig von der Frucht der Erde – von den Kindern der Erdgöttin – spielt die Mutter Erde eine gewichtigere Rolle als bei nomadisierenden Hirtenvölkern. Aber eine absolute Matriarchin ist sie nicht (*siehe dazu* Der Pfad zu den Ahnen *ab Seite 231*). Die Große Göttin des Matriarchats ist eher eine moderne, ideologische Fantasie, eine kulturelle Konstruktion, die die gegenwärtige Geschlechterproblematik spiegelt. Älter als das Bild der Göttinnen des sesshaften, neolithischen oder bronzezeitlichen Bauerntums, und älter als die Götter der Hirten, sind die Imaginationen, die wir aus der Steinzeit geerbt haben. Hirten und Bauern gibt es ja erst seit 10 000 Jahren, die Steinzeit dagegen zog sich über mehrere Millionen Jahre hin – Steinwerkzeugtraditionen reichen fast drei Millionen Jahre zurück, die Feuerstelle als Mittelpunkt der Gemeinschaft mindestens anderthalb Millionen Jahre (in Cheswanya, Kenia).

Die Steinzeitmenschen und das Mysterium der Welt

Das Leben unserer Vorfahren, wie das der Jäger und Sammler überall, verlief in vollkommenem Einklang mit dem jahreszeitlichen Wandel und den ökologischen Gegebenheiten. Es war nicht, wie in der urbanen, technisierten Zivilisation, in der wir heute leben, von der umgebenden Natur getrennt: Weder Funk und Fernsehen noch Fiktion schoben sich zwischen die unmittelbare Wahrnehmung der Natur; weder Leuchtreklamen noch Industrie- und Straßenbeleuchtungen ließen die Sterne am Nachthimmel verblassen oder führten dazu, dass sich der Tag-Nacht-Rhythmus verschob und Vögel und Insekten dezimiert wurden; kein Motorengeräusch störte den Gesang der Natur; niemand verbrachte den Großteil seines Lebens in viereckigen Schul-, Büro- oder Fabrikräumen hinter Beton und Glas; niemand flitzte auf asphalt- und betongeplätteten Bahnen über das Land oder flog in Metallkisten durch die Luft. Die Menschen liefen zu Fuß auf der lebendigen Haut der Erde und kommunizierten mit ihr. Diese innige Naturnähe hat uns zutiefst geprägt. Beinahe 99 Prozent unseres Daseins als Homo sapiens verbrachten wir Menschen auf diese Weise als freie, durch die Natur streifende Jäger und Sammlerinnen.

Die natürliche Um- und Mitwelt wurde damals auch anders wahrgenommen, als wir es in den Schulen und Medien lernen. Die Welt bestand für diese Menschen nicht aus Energiequanten, Atomen, Molekülen und Zellen, die nach irgendwelchen mathematisch-physikalischen Gesetzen zusammenwirken, sondern sie war ein vielschichtiges, facettenreiches, magisches, lebendiges, von Geistwesen durchdrungenes Mysterium. In der ekstatischen Vision, in der schamanischen Schau, die hinter die Erscheinung dringt, sahen die Naturvölker das Wirken von Göttern. Woher wissen wir das? Völkerkundler und Kulturanthropologen, die in langjährigem Kontakt das Leben der letzten verbliebenen Wildbeuterstämme, der Jäger und Sammlerinnen, als teilnehmende Beobachter miterlebt haben, geben uns ein glaubwürdiges Zeugnis davon. Aber auch unsere ältesten Mythen und Märchen, sowie unsere Intuition lassen das erahnen.

Am Anfang war harmonische Polarität

In der Natur, so wie sie sich unseren Vorfahren zeigte, waltet eine dynamische, spannungsreiche, aber zugleich harmonische Polarität:

Tag und Nacht, Sonne und Mond, Regenzeit und Trockenzeit, Winter und Sommer, Mann und Frau, jung und alt, Leben und Tod. Im chinesischen Taoismus – einer Philosophie, die steinzeitliche Wurzeln hat – wird dieses Prinzip mit Yin und Yang bezeichnet. Bei den nördlichen Waldvölkern kam diese spannungsvolle dynamische Gegensätzlichkeit als Feuer und Wasser zum Ausdruck, bei den Kelten im Bild des Kessels (Gral) und des Lichtstrahls (Speer). Daher auch war die Große Göttin, die Mutter der Tiere und Pflanzen, die Urgöttin, die alles hervorbringt und wieder zu sich nimmt, nicht alleine. Sie hatte einen Gefährten, der sie liebte, begattete und sich in ihr erneuerte. Oft war es – wie bei den alten europäischen Völkern – der Himmelsgott, der Blitze schleudernde Donnerer. Oder es war der Hirsch oder der Stier, der gehörnte Gott, der in die Höhle der Göttin steigt und sie befruchtet. Manchmal nahm der Gott auch die Gestalt eines Bären an, der die Winterzeit in der Höhle, im unterirdischen Reich der Göttin verbracht hat. Aus der Vereinigung des männlichen und weiblichen Pols wurde dann, in einem neuen Zyklus, das »Kind«, die neue Sonne, das Lebensfeuer, das neue Jahr, die neue Welt geboren.

Gott und Göttin bedingten einander. Aber auch auf der ganz alltäglichen Ebene waren in den Urgesellschaften Männer und Frauen einander ebenbürtig. Beide trugen das ihrige bei, damit die Gruppe gut leben und gedeihen konnte. Es gab eine natürliche Arbeitsteilung, die das ermöglichte. Kulturanthropologische Studien zeigen, dass bei den Naturvölkern im Durchschnitt die Frauengruppen rund 80 Prozent der Nahrung – Wurzeln, Knollen, Kräuter und Wildfrüchte – sammeln, derweil die Männer als Jäger die Ernährung mit tierischen Eiweißen ergänzen. Selbstverständlich gibt es unterschiedliche geschlechtsspezifische Interessen. Es ist universal, dass Frauen gegenüber Themen wie Geburt, Kinder, Heilzauber und Pflanzenwissen aufgeschlossener sind, während sich die Männer mehr für die Herstellung effektiver Harpunen oder Pfeilspitzen, oder auch den Rausch interessieren. Aber auch da ergänzen sie sich. Die absurde Idee eines Geschlechterkampfes, das Auseinanderdividieren von Mann und Frau, ist eine neuzeitliche Erscheinung, gehört zur Konsumgesellschaft, die Menschen zu konkurrierenden, egozentrischen Monaden degradiert. Männer sind Väter und Frauen sind Mütter von Töchtern und Söhnen. Sie gehören zusammen.

Märchen wurden über Generationen hinweg erzählt und stellen als mündliche Überlieferungen zum Teil Urerinnerungen dar, die bis in die alte Steinzeit zurückreichen (*siehe dazu* Der Pfad zu den Ahnen *ab Seite 231*). Auch die Pflanzen, die unsere steinzeitlichen Vorfahren verwendeten, sind stille schweigende Zeugen unserer kollektiven Stammeserfahrungen. Wie der geniale Ethnobotaniker Bruno Wolters zeigen konnte, sind 50 bis 65 Prozent der Heilpflanzen, die in der heutigen mitteleuropäischen Volksmedizin verwendet werden, Relikte aus der Altsteinzeit. Nicht nur, dass dieselben Heilkräuter in der indianischen Heilkunde verwendet werden, es gibt sogar Übereinstimmungen, was die dazugehörigen Zubereitungen aber auch bei den Ritualen, Erzählungen und Sagen betrifft. Es ist steinzeitliches Wissen, das die Ur-Indianer, die Paläosibirier, in die Neue Welt mitnahmen und das bei den europäischen Waldvölkern, den Kelten, Germanen, Slawen und Balten, bis heute noch stark nachwirkt. Aber ehe wir uns darin vertiefen, ehe wir die altsteinzeitliche Göttin der Höhle und ihren Hörner tragenden Gefährten

zu Wort kommen lassen, schauen wir uns – als Brücke sozusagen – den Tanz des göttlichen Paares, den Reigen der Sonne und der Pflanzengöttin im Spiegel des Jahreskreises an. Diese an Natur und Jahreszeiten gebundene Imagination wurzelt in der Megalithkultur mit ihren Hünengräbern und Großsteinmonumenten, wurde weitergetragen von den Kelten und lebte, in christlichem Gewand gekleidet, fort bis in die Neuzeit.

Das Medizinrad der europäischen Waldvölker

Ihre so einmalige Kontur erhielt unsere mitteleuropäische Kultur nicht zuletzt aufgrund ihrer typischen Vegetation, besonders der des Waldes sowie des Kontinentalklimas, das sich durch große Temperaturschwankungen auszeichnet und somit vier deutlich unterscheidbare Jahreszeiten hervorbringt. Den Jahreslauf betrachteten die Wald- und Bauernvölker als ein Rad mit acht Speichen, das sich um seine Achse dreht. (Indoeuropäische Reitervölker brachten die Speichenräder; vorher kannte man nur aus Baumstämmen geschnittene, grobe Holzscheiben.) Das Jahresrad hatte vier Hauptspeichen, vier Kardinalpunkte: die beiden Tagundnachtgleichen im Frühling und im Herbst, und die beiden Sonnenwenden, im Sommer, wenn die Sonne am Zenit steht, und demgegenüber, im Winter, wenn sie ihren tiefsten Stand erreicht hat.

Das Sonnenkreuz

Diese vier Kardinalpunkte machen das Sonnenkreuz aus. Man nennt es auch das keltische Radkreuz oder Slawenkreuz, dessen senkrechte Achse den Stamm des Weltenbaums darstellt. Es handelt sich um das Kreuz der vier Kardinalrichtungen, (Norden, Osten, Süden, Westen), der vier Jahreszeiten (Winter, Frühling, Sommer, Herbst) und der vier Lebensalter (Kindheit, Erwachsensein, Alter, Tod). Es ist außerdem das Questen-Kreuz, das mit frischem grünem Laub geschmückte Kreuz, das seit der Megalithzeit im Frühling sonnenläufig (im Uhrzeigersinn) rituell um die Felder getragen wurde, um diese mit Wachstum und Gedeihen zu segnen, und das bis heute in der Palmprozession am Palmsonntag, dem Sonntag vor Ostern weiterlebt. Dieses Kreuz, welches in seiner Mitte alle Gegensätze vereint, wurde auch im vierblättrigen Kleeblatt als Symbol des Glücks und der Ganzheit verehrt.

Da das Kreuzsymbol für sie nichts Fremdes war, hatten die Heiden kein Problem mit dem Sühnekreuz der christlichen Glaubensboten. Das Sonnenkreuz wurde zusätzlich noch einmal geviertelt. Zwischen den vier Kardinalpunkten des Jahresrads wurden vier weitere eingefügt, die sogenannten Kreuzvierteltage in Februar, Mai, August und November. Diese Kreuzvierteltage waren weniger an den Lauf der Sonne gebunden, sondern eher an den Wechsel der Mondphasen. Daher waren sie beweglich. Ehe sie kalendarisch fixiert wurden, fielen diese Kreuzvierteltag-Feste auf den jeweiligen Vollmond. Bei Vollmond feiern alle Naturvölker, nicht nur weil man dann nachts besser sehen kann, sondern – das wissen auch heutige Polizisten, Barkeeper, Nervenärzte und Prostituierte – weil dieser die Fantasie und den Geschlechtstrieb stark anregt. Nach irischer Überlieferung wurde das Maifest (*keltisch:* Beltene) erst dann gefeiert, wenn der Vollmond in die Weißdornblüte fiel. Unser bewegliches Osterfestdatum ist ein später Nachklang dieser, an den Mond gebundenen Feste.

Für die Kelten bestand das Jahr aus einer Abfolge von acht Zeiträumen. Jeder Raum galt als der Herrschaftsbereich eines Götterpaares. In der kurzen Phase des Übergangs von einem Zeitraum in den nächsten herrschten jedoch schöpferisches Chaos und Interregnum. Die Grenzen zwischen den Welten verwischten sich; alles war möglich und nichts war fix. Wunder konnten geschehen und die alltäglichen Gesetze waren außer Kraft gesetzt. Elfen, Totengeister und Götter traten in die Menschenwelt ein und der Mensch hatte Visionen.

Schauen wir uns diese acht magischen Zwischenzeiten etwas genauer an:

Halloween und die Geisterzeit

Für die Kelten begann der neue Jahreszyklus im November zu Samhain (*auch* Samuin), was soviel heißt wie »Jahresende, Zeit der Sammlung«. Es ist eine dunkle und neblig-trübe Zeit. Wie der Bär in seine Höhle, so verschwindet die kraftlose Sonne in die Tiefe, ins Reich der Frau Holle. Es ist Totenzeit, Zeit der Jagd und des Schlachtens. Eine britische Legende erzählt, dass der Sonnenhirsch jetzt von dem schwarzen Jäger niedergestreckt wird und stirbt. Die Blumenbraut, die Vegetationsgöttin, folgt dem schwarzen Jäger (der schwarzen Sonne) in die Tiefe und buhlt um ihn; sie wird zur Göttin der Toten.

In einer anderen Imagination erscheint nun die Göttin als eine alte, graue Spinnerin. Die langen, flirrenden Spinnenfäden, die im Altweibersommer (*schweizerdeutsch:* Witwesömmerli; *englisch:* goose summer, *also* Gänsesommer) durch die Luft schweben, sind das Werk ihrer Spindel.

In der Samhain-Nacht (*englisch:* Halloween) schwärmen die Totengeister aus und betteln um milde Gaben und Speisung. Als Gespenster maskierte Jugendliche spielen die Rolle der Geister – oder, besser gesagt, die Geister verkörpern sich vorübergehend in den Maskenträgern. Wenn man ihnen etwas gibt, dann segnen sie die Lebenden und werden zu dankbaren Toten (*englisch:* grateful dead); wenn man es ihnen verweigert, dann werden sie spuken und Schabernack treiben. Für die Toten stellte man Lichter in ausgehöhlten Rüben vors Haus, in die Fratzen geschnitzt waren. Heute verwendet man dafür die aus Amerika stammenden Kürbisse.

Das altheidnische Fest lebt weiter in Allerseelen, Allerheiligen, Volkstrauertag und anderen Totengedenktagen. Auch der Martinstag mit seinen Laternenumzügen, an dem die Kinder »*Laterne, Laterne, Sonne, Mond und Sterne*« singen und die Martinsgans gehören dazu.

Wintersonnenwende und der alte Wintergott

Zur Wintersonnenwende, in der dunkelsten, tiefsten Nacht des Jahres, der Mutternacht (*angelsächsisch:* modraniht), wird das Sonnenkind unter dem Weltenbaum wiedergeboren. Wagenräder, Spinnräder, Mühlräder und alle anderen Räder mussten in dieser heiligen Zeit stillstehen. Erst am Ende der zwölf heiligen Tage stößt der starke goldborstige Eber (*germanisch:* Gullinborsti) – er war das Tier des gütigen Freyr, des altgermanischen Gottes der Fruchtbarkeit – das Jahresrad wieder an und setzt es dadurch in Bewegung. Die Germanen schlachteten ein Wildschwein und verspeisten es zu Ehren Freyrs. Noch immer gehören Schinken, Schweinesülze, in England boars head und in Skandinavien das Jul-Schwein, zum Weihnachtsfest. Auch das Glücksschwein aus Marzipan, das man gegen Ende dieser Sonnwendfeiertage, am heutigen Neujahrstag, verschenkt, geht auf diesen Brauch zurück.

Der weißbärtige Alte aus dem Walde, der Weihnachtsmann, kam, wie alle guten Geister, durch den Geistereingang des Rauchfangs, um seinen Segen zu verteilen. Einst brachte er den weiß gepunkteten, karminroten Fliegenpilz mit, der es den Weisen ermöglichte, zur Sonnenwende in die Welt der Zwerge und noch tiefer, in die der Ahnen zu reisen. Der Pilz war bei den Germanen dem Odin/Wotan geweiht, bei den Westslawen dem Svantewit. Beide Gottheiten reiten Schimmel; wenn der Schaum aus dem Pferdemaul auf die Erde tropft, entstehen diese Pilze. Kulturforscher wie Christian

Rätsch vertreten die Ansicht, dass der Weihnachtsmann mit seinem roten Mantel kein anderer sei als der Schamanengott Odin. Vom germanischen Norden bis über Sibirien hinaus nach Nordamerika nahmen die Schamanen zur Wintersonnwendzeit diesen bewusstseinserweiternden Pilz ein, um in der dunklen Stille mit den Ahnen zu kommunizieren. Die Kelten scheinen den »Glückspilz« jedoch nicht benutzt zu haben. Kleine Fliegenpilze aus Marzipan sind noch heute Teil der Winterfestlichkeit.

Der alte Wintergott kennt viele Erscheinungsformen. Er ist der Weihnachtsmann aus dem tiefen Tannenwald, der mit Hülsengrün geschmückte, keltische Stechpalmenkönig, das slawische Väterchen Frost aus dem eisigen Reich im Norden. Er kommt auf einem Schimmel geritten, oder, wie in Skandinavien, auf einem Rentierschlitten. Seine Gaben – Äpfel, Nüsse, Süßigkeiten – bringt er durch den Schornstein. In einer Hand trägt er ein Büschel Haselruten, welche die Kraft und den Segen der Ahnenwelt vermitteln. Je nach Region kommt er mit dem Christkind, mit seiner Enkeltochter Schneeflöckchen, mit der Hollefrau oder mit der Percht. Ebenso, wie die Kirche das Jesuskind an die Stelle des neugeborenen Sonnenkindes stellte, so ersetzten sie den alten Wintergeist durch den heiligen Nikolaus, den Bischof von Myra (Kleinasien) aus dem 4. Jahrhundert, dessen Gedenktag auf den 6. Dezember fällt. Trotz dieser Vereinnahmung lebt die alte Gottheit munter weiter als Pelznickel, Sinterklaas, Samichlaus, Santa-Claus – dass er eine Erfindung des größten Softdrinkherstellers der Welt sein soll, gehört zu den modernen Mythen.

Überall brachte man immergrüne Wintermaien ins Haus – Tannenzweige, Nadelbäumchen, und in Westeuropa, Efeu und Stechpalme.

Die Kelten hängten Mistelzweige über die Türschwellen. Das kugelförmige, immergrüne Gewächs wurzelt – als typisches »Zwischenwesen« – zwischen Himmel und Erde auf Bäumen. Unter dem Mistelstrauß hatten normale Gesetze und Konventionen keine Gültigkeit mehr, da befand man sich in der magischen Sphäre, zwischen Raum und Zeit.
Das Julfest war eine Zeit außerhalb der Zeit. Die ganze Sippe, die Lebenden wie die Verstorbenen, feierte zusammen, schmauste und berauschte sich mit starkem Bier und Met. Und da die Tore zur Anderswelt offen waren, war es eine gute Zeit zum Orakeln. In den zwölf Weihnachtsnächten konnte man sehen, was die zwölf kommenden Monate bringen werden; was man in dieser Zeit träumt, wird in Erfüllung gehen.

Die Percht, das Fest der Lichtbirke und die Fastnacht

Rund vierzig Tage nach Weihnachten folgte das Kreuzviertelfest, das die Iren Imbolg (*auch* Imbolc) nannten und das man in unseren Breiten als Lichtmess kennt. Die jungfräuliche, weißgewandete Göttin Brigid (*auch* Brig, *schottisch* Bride) tritt in Erscheinung. Wo sie wandelt, keimen unter dem Schnee die Samen, Schneeglöckchen und Hasel blühen und der Saft steigt in die noch kahlen Bäume. Mit ihr kommt der Bär aus der Höhle, schnuppert die Luft und schaut, ob die Sonne scheint. Wenn es zu hell ist, geht er für weitere sechs Wochen wieder zurück in die Höhle – dann wird es einen späten Frühling geben. Der Bär ist nämlich die vermummte Sonne, und die lichthafte Brigid ist seine Braut.

Als es in unseren Breiten keine Bären mehr gab, schauten die Bauern auf das Erscheinen des Dachses. In Nordamerika beobachten die Farmer das Waldmurmeltier. Lichtmess ist dort Murmeltiertag (*englisch:* groundhog day) und gilt, wie es die keltische Überlieferung will, als magische »Zeit zwischen der Zeit«.

In manchen Regionen, wie in Thüringen, sah man nun die weiße Göttin auf einem Hirsch über das Land reiten. Es heißt, der Sonnenhirsch macht zu Lichtmess einen Sprung, sodass die Tage merklich länger werden.

Schon in der Steinzeit zapften die Menschen zu dieser Zeit die Birke an, deren Saft reinigend und entschlackend ist, und – falls vergoren – berauschend wirkt. Die Birke war überall der weißen Göttin geweiht und symbolisiert bis heute Neuanfang und Reinigung. Die Römer feierten ihre Version des Reinigungsfestes und nannten es Februa – daher der Monatsname.

Das archaische Fest wurde von der Kirche als Mariä Lichtmess beibehalten und zur »Reinigung Marias« umgedeutet. Nach jüdischem Brauch galten Frauen nach der Niederkunft als unrein; vierzig Tage später wurde im Tempel die Reinheit rituell wiederhergestellt. Gläubige Christen bringen an diesem Tag ihre Kerzen in die Kirchen, um sie weihen zu lassen. Im Haus steht der Frühjahrsputz an. Den ganzen Februar hindurch zieht die alte Göttin in der Gestalt der Percht oder Berta mit ihrer Geisterschar durchs Land. Die Menschen werden davon mitgerissen und feiern jetzt Fastnacht, Fasching, Karneval und andere Narrenfeste. Es ist die Urkraft der

Wildnis und des Waldes, die in Gestalt von Naturgeistern, Teufeln und Hexen über die kultivierte, zivilisierte Welt herfällt. Da es sich um Geister handelt, können sie auch durch die Köpfe der Menschen ziehen, sodass diese selber wild, närrisch und geil werden. Die traditionellen Masken der alemannischen Fasnet sind getreue Abbildungen der einst hellsichtig geschauten wilden Geister, die durchs Land zogen.

Diese Kreaturen der ungezähmten Wildnis regen zum lustvollen Treiben an. Das Wort Fastnacht hat nichts mit Fasten zu tun, wie es uns die Kirchendoktrin glauben machen will. Es kommt vom neuhochdeutschen Wort *faseln* (*mittelhochdeutsch:* vaselen) und bedeutet gedeihen, fruchtbar machen. Schon Bonifatius, der angelsächsische Missionar und sogenannte Apostel der Deutschen, der die heiligen Eichen umhauen ließ, verdammte in der Synode von Liftinae in Belgien (745) diese »unflätigen Feste im Februar«.

Bei den Kelten und Germanen sah man die Große Göttin als Hausfrau, als Husfreyja, Herrin des Gehöfts – Frau, wie auch der Name Freya, bedeuten ja nichts anderes als Herrin –, daher hatte sie die Schlüsselgewalt. Das heißt, sie allein trug den Schlüsselbund, mit dem man alle Türen, Tore und Truhenschlösser öffnen konnte. Die Himmelsschlüssel oder Schlüsselblumen (*Primula*), die zu dieser Zeit anfangen zu blühen, galten als die Schlüssel der Freya, mit der sie das Tor aufschließt, sodass der Lenz eintreten kann.

Die Göttin und ihr Schlüsselbund lebten noch lange in den Sagen fort, wie etwa in folgender schwäbischer Erzählung:

Die Jungfrau
mit der Schlüsselblume

Eine weiße Jungfrau erschien einem Hirten, der bei einem Felsen einsam seine Schafe hütete. Sie schenkte ihm eine Schlüsselblume und sagte: »Damit kannst du den Felsen aufschließen. Drinnen wirst du Schätze finden. Aber vergiss das Beste nicht!«

Der Hirte wunderte sich nicht lang. Nachdem die Geisterfrau verschwunden war, versuchte er sein Glück. Er berührte die Felswand mit der Blume und – siehe da – sie öffnete sich. Ganze Berge von blitzenden Edelsteinen, Gold und Silber lagen da. Wie im Rausch füllte er seine Taschen. Die Schlüsselblume aber ließ er achtlos liegen. Ohne diese, jedoch, konnte er das Felsentor nie wieder öffnen. Er hatte das Beste vergessen.

Die Kirche übrigens beraubte die Göttin des Schlüsselbunds und gab ihn dem Petrus. Mit diesen Schlüsseln schließt er seither den guten Seelen die Himmelspforte auf.

Einmal, um zu sehen was die Konkurrenz macht, schlich sich der Teufel an die Himmelstür heran. Da erschrak Petrus und ließ den Schlüsselbund fallen. Als er auf der Erde landete, verwandelte er sich in Himmelsschlüsselblumen.

Frühlingsgleiche, blühender Schwarzdorn und Ostern

Meistens blüht um den 21. März (Tagundnachtgleiche), wenn die Tag- und die Nachtstunden gleich lang sind, die Schlehe, auch Schwarzdorn genannt. Das sperrige, schwarze, dornige Gehölz, das bei den Kelten der Winter- und Totengöttin geweiht war, bricht, noch vor den grünen Blättern, in einer weißen Blütenpracht aus: Die Göttin legt sich ein weißes Gewand an, hieß es dann.

Für die Mitteleuropäer (auch für die Römer) fing jetzt das Bauernjahr an: »*Im Märzen der Bauer die Rösslein anspannt* ...«. Zuerst aber, ehe gepflügt wurde, weihte man die Äcker und Wiesen, noch vor Sonnenaufgang, mit Flurumgängen, Umzügen und Umritten. Der Huftritt eines Pferdes, so glaubte man, gibt der Scholle Fruchtbarkeit – so wie ein an die Tür genageltes Hufeisen dem Haus Glück bringt. Kinder, Jungfrauen und auch das Vieh begleiteten die Umrundung der Felder; dabei machten sie viel Lärm, sangen Lieder und trugen grüne Zweige, Blumen und Radkreuze. Der Palmwedel, der den Einzug Jesu in Jerusalem darstellen soll, ist eigentlich die Weiterführung dieses alten, bis in die Megalithzeit zurückreichenden Brauchs. Im Allgäu trägt man den auf einem Haselstab gesteckten Palmboschen. Dieser besteht aus einem Radkreuz, geschmückt mit Weidenkätzchen, Fichte, Weißtanne, Wacholder, Eibe und anderem Grünzeug. Die vier Speichen des Rads bestehen aus geschälten Holunderzweigen. Die Dorfbewohner haben zwar längst die ursprüngliche Bedeutung vergessen, aber das einst der Frau Holle geweihte Holunderholz wurde geschält, »*damit sich keine Hexe, also unholdes Astralwesen, zwischen Rinde und Holz verstecken kann.«* Der Haselstab vermittelt die Kraft der Anderswelt. Im Ganzen sind es neun (!) Pflanzen, die für den Palmwedel verwendet werden.

Tacitus, der römische Germanenforscher, beschreibt den Umzug der germanischen Erdgöttin Nerthus (*auch* Herda *oder* Erda) in einem von Kühen gezogenen Wagen-Schiff. Auch Freya und Freyr, die friedlichen, Freude und Fruchtbarkeit spendenden Wanengötter, dargestellt von einer jungen Priesterin und ihrem Begleiter, hielten Umzug von Hof zu Hof. Wenn die junge Priesterin während dieser Zeit schwanger wurde, galt das als ein gutes Omen.

Unser Osterfest, benannt nach Ostara (*auch* Eostra *oder* Austra), der Göttin des neuen Lichts, der Morgenröte und der Frühlingssonne, wurde umgedeutet zum Auferstehungsfest des Heilands, des »Lichts der Welt«. Trotzdem hielt man an vielen heidnischen Elementen fest, wie etwa dem Osterei. Zwar sagt man, das Ei erhielte seine Bedeutung, weil das Essen von Eiern während der Fastenzeit verboten, nun aber wieder erlaubt war. Aber der Eierkult reicht viel weiter zurück.

Das Ei ist Sinnbild der Erneuerung. In der vedischen Mythologie legt der Schöpfergott Brahma in Gestalt eines Ganters ein goldenes Ei, aus dem das Universum schlüpft. Schon in vorchristlichen Zeiten färbten und verzierten die Germanen und Slawen Eier. Eierspiele, wie das Eierschlagen (Antupfen, Tätschen, Picken), Eierläufe, Eierrollen oder Eierverstecken sind ebenso alt.

Warum in unseren Breiten gerade der Osterhase die Eier legt, haben Volkskundler noch nicht geklärt. In einigen Gegenden Mitteleuropas bringen auch der Hahn, der Storch oder der Fuchs die Eier – doch meistens ist es der Hase. Er ist Sinnbild der regen

Paarungskraft und Fruchtbarkeit und passender Begleiter der Frühlingsgöttin. Vielleicht war es diese Symbolik, die Papst Zacharias im 8. Jahrhundert dazu veranlasste, den Germanen den Genuss von Hasenfleisch zu verbieten.

Eine germanische Wintergöttin – vermutlich ist es Hreda, »die ruhmvoll, glänzende«, die Percht – erscheint in den bronzezeitlichen Felsbildern in Schweden als skilaufende Gestalt mit Hasenohren – und ist damit das erste Skihaserl. Sie herrscht bis zur Tagundnachtgleiche, bis Ostara mit den bunten Frühlingseiern kommt. Vielleicht ist sie der ursprüngliche Osterhase?

In dieser Frühlingszeit, wenn alles sprießt und blüht, sammelten die Frauen neunerlei Grünzeug, frische Wiesenkräuter, die sie zu einer Kultspeise machten, um die Familie wieder mit den Kräften des Lebens zu verbinden. Diese Kräuter entschlacken, stärken das Immunsystem und regen die Drüsen an. In der Gründonnerstagsuppe und im Wildkräuterfrühlingssalat findet sich dieser Brauch wieder.

Das Backen von Kultbroten in der Gestalt von Tieren und Göttern lebt weiter im Osterbrot oder dem Osterkuchen. Das Osterfeuer – ein neues, durch Reibung oder Quirlen gezeugtes Notfeuer –, gehörte zu diesem Fest, ebenso wie das Holen von Osterwasser. Dieses Wasser, *Heilwag* (*mittelhochdeutsch*: Heilwâg, heilbringendes Wasser), musste vor Sonnenaufgang, ohne ein Wort zu sagen und ohne zurückzuschauen, von der Quelle geschöpft werden. Es hat heilende Kräfte und verdirbt ein ganzes Jahr lang nicht.

Die Kirche besetzte den Tag der Tagundnachtgleiche mit dem heiligen Benedikt, der den Benediktinerorden und das erste christliche Kloster in Europa gegründet hatte. In diese Zeit fällt auch die heilige Gertrude, »die Spinnerin mit der Maus«, die vom Volk als Gartenheilige verehrt wird. An ihrem Tag, dem 16. März, beginnt die Arbeit im Garten:

Wer dicke Bohnen und Möhren will essen
Darf St. Gertrud nicht vergessen.

Und auf den 25. März fällt Mariä Verkündigung, der Tag der Verheißung der Geburt Jesu an Maria – da, so glaubte man, wird auch die Erde für den Samen empfänglich. Neun Monate später, zur nächsten Wintersonnenwende, wird das Christkind geboren.

Walpurgis und Maifeiertag

Im Wonnemonat Mai entledigt sich der Sonnengott seines Bärenfells – er hat seine Initiation als wilder junger Berserker im finsteren Wald hinter sich – und steht nun da, in strahlend jugendlicher Gestalt, als keltischer Belenos (*auch* Bel oder Baldur). Die Pflanzengöttin, die Tochter der alten Erdmutter, legt ihr schönstes, buntes Blumengewand an. In der Nacht des Maivollmonds wird das junge Götterpaar vermählt. Die ganze Natur feiert mit. Der Kuckuck ist ihr Herold und lädt mit seinem Ruf alle zum freudigen Fest.

Auch die Menschen werden vom Festesrausch mitgerissen. Dieselbe unbändige Lebenskraft, die die Natur durchströmt, strömt auch durch sie hindurch. Seit der Megalithzeit holten die Burschen eine Birke oder Fichte aus dem Wald, schälten sie und stellten den Pfahl in der Mitte des Dorfes auf. Die Pfahlspitze durchdrang einen Kranz aus frischem Grün und Blumen. Tücher, rot gefärbt mit Opferblut, schmückten den Kranz. Der Maibaum stellte die Entjungferung der göttlichen Braut und ihre Vereinigung mit dem Sonnengott dar. Die Menschen tanzten Reigen um den Baum, tranken berauschende Gebräue und feierten ausgelassen. Die Dorfschönste wurde zur Maibraut erkoren. Als Verkörperung der Göttin trug sie eine Krone aus blühendem Weißdorn. Der kräftigste Bursche, die Verkörperung des Sonnengottes, wurde ihr zur Seite gestellt. Oft war er grün gekleidet: Er war der »grüne Mann«. Oder sein Gesicht wurde schwarz gefärbt, um zu verdeutlichen, dass es sich bei ihm um eine Göttererscheinung handelte.

Wenn die Menschen ekstatische, orgiastische Feste in der freien Natur feiern, springen die Götter und Naturgeister in sie hinein, be*geistern* sie. Es werden Resonanzen erzeugt, die den Wiesen und Feldern Wachstum und Gedeihen vermitteln. Noch im Mittelalter bauten sich die Mädchen Minneburgen und Liebesnester aus Blumen und Blättern, die die Burschen dann erstürmten. Vor dem Klimasturz im 14. Jahrhundert, vor der Kleinen Eiszeit, war der Mai wirklich ein Wonnemonat. Er war wärmer und angenehmer als wir ihn heutzutage kennen.

Einem Kirchenmann wie dem Puritaner Philip Stubbes (*Anatomie der Missbräuche*, London, 1583) war dieses Treiben ein Gräuel: »*Burschen und Mädchen gehen in den Wald und vergnügen sich am Vorabend und bringen dann grüne Zweige mit. Der Fürst der Hölle, Satan, ist ihr Herrscher. Ochsen ziehen den Maipfahl, ein stinkendes Götzenbild. Sie schmücken den Baum und tanzen darum wie die Heiden um die Götzen. Nachts gehen die Mädchen und Burschen in den Wald und verlieren ihre Ehre …«*

Die Kirche machte das Maifest zum Tag der heiligen Walburga, einer englischen Benediktinerin, Äbtissin des Klosters Heidenheim und Missionarin auf dem noch größtenteils heidnischen Festland. Maibäume werden noch immer überall aufgestellt und die Walpurgisnacht – wenn die Hexen ausfliegen und mit dem gehörnten Gott und den Naturgeistern auf einem abgelegenen Berg ein Fest feiern – ist heute jedermann ein Begriff. Noch immer wird die Maibowle, hergestellt aus Wein und dem im Wald blühenden Waldmeister, getrunken. Und aus den roten Tuchfetzen des neolithischen Opferfestes wurden die roten Fahnen des Kampftages der sozialistischen Internationale, des 1. Mai. Ja, ja, die rote Fahne soll natürlich an das vergossene Arbeiterblut beim Streik in Chicago im Mai 1886 erinnern – und ich behaupte dennoch, dass hier ein uraltes archetypisches Muster wieder zum Vorschein kommt.

Das Pfingstfest, Fronleichnam und Christi Himmelfahrt gehören zu den Festlichkeiten, die an die Stelle der alten heidnischen Feste gesetzt wurden. Die Blütenbetten der Minneburgen lebten weiter in den schönen Blumenteppichen, welche die Bauersfrauen in ländlichen Regionen an Fronleichnam noch immer auf den Dorfstraßen auslegen.

Sonnwendfeuer und Johanniskräuter

Zwölf Tage und Nächte, hieß es, steht das drehende Jahresrad still, wenn die Sonne ihren Zenit hoch am Himmel erreicht hat – zwölf Tage, wie auch in der gegenüberliegenden Winterweihezeit. Dann setzt der Sonnenhirsch erneut zu einem Sprung an.

Nun ist die ehemalige Maibraut schwanger und träumt den Mittsommertraum. Die Menschen träumen sich ebenfalls in die Natur hinein. Im Gegensatz zu Weihnachten, wenn sie inniger werden und in ihrer Seele die Geburt des Lichtkindes erblicken, werden sie nun ekstatisch (*griechisch:* ekstasis *wie* Aus-sich-heraus-getreten-Sein). Überall tanzten die Menschen einst Ringtänze im Freien, zündeten das Sonnwendfeuer an und hatten Visionen, und die Naturgeister nahmen am Tanz teil. In Skandinavien glaubte man, Frau Holle selbst komme als junges schönes Mädchen und geselle sich unter die Tanzenden. Wie zu Weihnacht können Tiere in der Mittsommernacht reden. Seltsame Musik tönt aus den Bergen, weiße Jungfrauen zeigen sich und wollen erlöst werden, Naturgeister und Nixen halten Umzüge, Zwerge feiern ihre Hochzeit, und das Farnkraut blüht einen Augenblick lang um Mitternacht und macht Samen. Wem es gelingt, Farnsamen zu bekommen, der kann sich unsichtbar machen und hat darüberhinaus Glück im Spiel und in der Liebe. Kirche und Obrigkeit ahndeten das Farnsamensammeln natürlich strengstens.

Am wichtigsten ist das große Feuer: Es ist die Verkörperung des unter den Menschen weilenden Sonnengotts. In Wales müssen es neun Holzarten sein, darunter unbedingt Wacholder und ein Reisigbündel vom letzten Jahr. Die mittsommerliche Licht- und Feuerkraft wird durch das Rollen von Feuerrädern und Feuerläufen mit Fackeln erhöht.

Man feierte in ritueller Nacktheit und trug höchstens einen Gürtel aus Beifußkraut oder Bärlapp und einen Kranz aus Gundermann in den Haaren. Der kriechende Gundermann, der an jedem Knoten frische Wurzeln in den Boden treiben kann, sollte helfen, dass die Seele nicht zu weit hinausfliegt. Die Feiernden sprangen durch die Lohe oder liefen gar über die Glut – von der einen Jahreshälfte in die andere. Krankheitsgeister und unholde Astralwesen, die sich in ihre Aura eingenistet hatten, wurden dadurch versengt und beseitigt. Der Beifuß wurde oft dem Feuer geopfert; er flammt lilafarben auf und duftet wunderbar. Die Frauen versuchten so hoch wie möglich über das Feuer zu springen, denn das würde den Flachs und das Korn besonders hoch wachsen lassen.

In Schmalz gebackene Holunderblütendolden – Hollerküchle, Hollerstrauben – sind Kultspeise an Mittsommer. Wer am meisten davon isst, wird am höchsten springen können. Im Allgäu galt der Schmalz, in dem die Küchlein gebacken wurden, als heilkräftig.

Die Nordgermanen deuteten das Mittsommerfeuer als den Scheiterhaufen Balders. Der schöne Sonnengott galt als unverwundbar, da die Göttermutter Frigg alle Geschöpfe den Eid schwören ließ, ihm nie ein Leid anzutun. Nur die kleine unbedeutende Mistel hatte sie vergessen. Loki, der Feuergott, der in der *Edda* als Teufel auftritt, hatte davon gehört, und fertigte daraus den Pfeil, der Balder (*keltisch:* Belenos) schließlich töten wird. Eigentlich ist Loki, der in der keltischen Sage als Lugh (*oder* Lugus) erscheint, der Nachfolger

oder die Verwandlung des hell leuchtenden, jugendlichen Belenos selbst; er transmutiert sozusagen zur Sonne der heißen Hochsommertage, zum feurigen Meister. Bei den britischen Kelten war es der Eichenkönig, der zu Mittsommer geopfert wurde.
Die Christen übernahmen die Sonnenwende als das Fest des heiligen Johannes, des Bußpredigers, der einst Jesus getauft hatte. Nicht länger sollte Balders Tod gefeiert werden, sondern der des Johannes, der an diesem Tag geköpft worden sein soll.
In der kraftgeladenen Johanniszeit werden bis zum heutigen Tag die heilkräftigen Johanniskräuter – Sonnwendboschen oder der Johannis-Maien – gesammelt. Das echte Johanniskraut *(Hypericum)* steht unter diesen Kräutern an erster Stelle, denn es enthält roten Saft, das Blut des heiligen Johannes. Weitere Johanniskräuter, die gesammelt wurden, sind Kamille, Quendel (wilder Thymian), Arnika, Ringelblume, Holunder- und Lindenblüten, Schafgarbe, Ziest, Rotklee und Gundermann. Die Frauen hielten den Strauß mit den Heilkräutern nahe – aber nicht zu nahe – ans Sonnwendfeuer, um ihn mit der heilenden Feuerkraft aufzuladen.

Kornernte, Augustfeuer und Bilwiss-Schnitter

Im August, wenn es heiß ist, wird das Korn reif. Jetzt feiert man ein Feuerfest. (Das im Jahreskreis gegenüberliegenden Fest der Brigit ist ein Wasserfest, da das Wintereis schmilzt und der Saft in die Bäume steigt.) Nun trocknen die grünen Getreidehalme und werden zu Gold. Die Vegetationsgöttin wird zur Matrone mit dem Füllhorn. In neolithischen Zeiten sah man sie als klagende Kornmutter, deren Kinder der Sichel zum Opfer fallen. Ihr Gemahl, der Sonnengott, offenbart sich in der Sommerglut und Trockenheit, die alles zur Reife und Vollendung bringt. Den Galliern erschien er als der feurige Lugus, der Erfinder aller Künste, auch der Heilkunst. In Irland heißt er Lug Samildanach (Lug, der Meister aller Künste), in Wales Llew Llaw Gyffes (der Löwe mit der sicheren Hand) und bei den Germanen erschien er als der kluge, feurig lodernde Lodur (Loki). Dieser Loki schneidet nun der Göttin Sif, der Frau des Gewittergottes Donar/Thor, die goldglänzende Haarpracht ab. Sif verkörpert offensichtlich das reife Kornfeld.

Verbunden mit dem Getreidezauber gab es eine Art Priesterschaft, die Bilwisse, die das Getreidefeld behüteten. Ihr Name bedeutet »die wundersam Wissenden« (*germanisch:* bilwiz; *angelsächsisch:* bilewit *für* wohlwollend). Sie sollen weiße Gewänder getragen haben und, wie die Erdgöttin selber (Frau Holle), verfilzte Zottelhaare. (Was wir heute Dreadlocks, Filzlocken, nennen, hieß früher Bilwis-Zotteln.) Im Sommer steckten sie sogenannte Wolfskräuter, wie Arnika oder Ebereschenzweige ums Feld, damit der Kornwolf, gemeint war die Wachstumskraft, das Feld nicht verlassen konnte. Zur Ernte taten sie den ersten Schnitt und sprachen Segensworte. Aus diesen, »um die bildenden Wachstumskräfte Wissenden« machte die Kirche allmählich böse Korndämonen, die mit Sicheln an den Füßen nachts durch die Felder tanzen und dabei Kornkreise schneiden.

Bei den Sachsen und Angelsachsen war es die Herrin des Hofs, die Hausfrau, die zu Erntebeginn rituell einige Halme schnitt, die

Körner zu Mehl mahlte und den ersten ungesäuerten Laib (*altenglisch:* hláf) buk. Ihr Ehrentitel war Hläfdige, die Brotkneterin, aus dem sich schließlich das Wort Lady entwickelte. Ihr Mann war der Hlafward, der Laibwart bzw. -beschützer, woraus das Wort Lord hervorging.

Wenn die Schnitter und Garbenbinderinnen vorrückten, versuchte der Korngeist, der Kornwolf oder die alte Kornfrau (*keltisch:* Caillach) auszuweichen, bis er oder sie schließlich in der letzten Garbe gefangen wurde. Diese wurde dann wie eine Gottheit mit blauen Kornblumen, roten Kornraden und weißen Feldkamillen geschmückt und auf dem Erntewagen im triumphalen Umzug in das Dorf gebracht. Erntetänze folgten.

Die Glut der feurigen Sonne gibt auch den Kräutern ihre heilende Kraft und Vollkommenheit – wir würden heute sagen, die Hitze begünstigt die Bildung von ätherischen Ölen und anderen Wirkstoffen. Zur damaligen Zeit sammelten die Frauen jetzt sämtliche Heilpflanzen, die sie zur Gesunderhaltung von Haus und Hof fürs kommende Jahr brauchten. Auch Zauberkräuter, die Blitz und Unglück abhalten, oder solche, die die Libido anregen, wurden mit in den August-Maien (Kräuterbuschen) getan und rituell der Freya geweiht. Dieser Ritus wurde von der Kirche beibehalten – als Maria-Kräuterweihe zu Mariä Himmelfahrt am 15. August.

Der 1. August wurde von der Kirche zu Petri Kettenfeier (*St. Peter ad Vincula*) erklärt, in Erinnerung an Petrus, der in Jerusalem gefangengehalten wurde und den ein Engel aus seinen Ketten befreit hatte. Am selben Tag soll auch Luzifer – der Lichtträger – aus dem Himmel gestoßen worden sein. Damit zielte der Klerus auch auf den heidnischen Gott der Feuerlohe, den Lugus oder Lodur. Wer am 1. August geboren wird – so der Aberglaube –, der wird Hexer und kann die Geister erkennen.

Herbstgleiche, heiliges Blut und Michaels Drachen

Wenn die Nächte länger werden, ziehen sich die Lebenskräfte allmählich zurück; es wird kühler, das Laub verfärbt sich und beginnt zu fallen; die Schwalben fliegen fort; die Rinder werden ins Tal getrieben; die Schweine, mit Eicheln und Bucheckern gemästet, werden fett; die Herbstzeitlose, die Künderin des kommenden Winters, schiebt ihre geisterhaften hell-lila Blüten aus den abgegrasten Weideböden hervor.

Es ist Herbst. Die Bezeichnung kommt vom althochdeutschen Wort Herbist und bedeutet, wie auch das englische Wort harvest, Ernte. Die Scheunen und Keller sind jetzt randvoll. Es ist die Zeit der Fülle. Die Waldvölker feierten nun Erntedankfeste mit gutem Bier und Kesseln voller gesottenem Fleisch. Für die Germanen war es der Blot-Monat, das Ernteblot, Disenblot. Die Disen sind Personifizierungen der mütterlichen, nährenden Göttin. Freya selber ist die Vanadis, die Wanen-Dise. Das Blot war ein sakrales Schlachtfest. Tiere – die man zum Teil nicht durch den Winter durchfüttern konnte – wurden den Göttern und Alben geweiht und rituell geschlachtet. Das Blut wurde zum Segnen mit Wedeln aus grünen Zweigen versprengt. Ähnlich wie beim indischen Puja, tupften die Priester den Ritualteilnehmern einen roten Punkt auf die Stirn.

Der germanische Wortstamm *blodsian bedeutet »heiligen mit Blut«; daraus entstand übrigens das englische Wort blessing (Segen). Für die Germanen war ein Blot ein Welterhaltungsfest. Ohne das Blot-Opfer würde die Weltordnung nicht weiter bestehen können, und die Sonne nicht mehr aufgehen. Blot bringt Heil. Auch die Vergangenheit wurde durch das Blot erneuert.

Die großen Blot-Feste leben in der Kirmes – mit Tanz unter der Linde und einer Kirmeskönigin – und in anderen herbstlichen Volksfesten, wie dem Münchner Oktoberfest oder dem Cannstatter Wasen, bis heute weiter.

In diese Zeit fällt auch der Mauritiustag am 22. September. Der Maurus oder Moritz galt als ein Mohr, ein Schwarzer, und als solcher kündigt er die Zeit der Dunkelheit an.

Vor allem aber weihten die Christen diese Zeit dem Erzengel Michael. Viele Heiligtümer des heidnischen Donnergottes (Thor im Norden oder Donar bei den kontinentalen germanischen Völkern, Jupiter bei dem Römern, Taranis bei den Kelten), wurden zu Michaelsheiligtümern umfunktioniert, wie etwa St. Michelle in Frankreich. Wie Donar, der der beliebteste Gott der alten Mitteleuropäer war, so wurde Michael der beliebteste Engel. Die Deutschen machten ihn als deutschen Michel zu ihrem Schutzengel. Er fegt durch den Himmel mit seinen Engeln, wie zuvor Wotan mit seinem wilden Heer, und bekämpft den Drachen der Finsternis.

In England wird an Michaelis (Michaeli), am 29. September, noch immer die Michaels-Gans geschlachtet, und es heißt, man wird das ganz Jahr Geld haben, wenn man davon isst. Mein Lehrer, Arthur Hermes, der Einödbauer im waadtländischen Jura, säte am Michelstag, das »Michaelskorn«, das Getreide, aus dem er sein Brot backen wird. Dieser Tag erinnert die Bäuerinnen daran, dass es nun Zeit ist zum Spinnen und zum Weben.

Das Leben – ein ewiger Kreislauf

Als rollendes Rad mit acht Speichen, so sah man also das Jahr. Man könnte es das Spinnrad der Großen Göttin nennen. Aber das kannten die Waldvölker noch nicht, sie spannen noch mit Spindel und Rocken. Das Spinnrad kam erst im 14. Jahrhundert in Mitteleuropa auf.

Nicht nur der Ablauf eines Jahres bewegt sich unerbittlich im Kreis, sondern auch der eines Monats. Wie das Radkreuz ist auch dieser Kreis vierfach gegliedert in Neumond, zunehmender Viertelmond, Vollmond, abnehmender Viertelmond. Die Zeit um Vollmond war immer eine Zeit des Feierns und Festens, des Ausflugs der Hexen (Schamaninnen) oder der Ratsversammlungen des Stammes. Auch glaubte man, dass sich mit dem Wechsel der Mondviertel das Wetter ändern kann, dass ein Wetterzauber aufhört und ein neuer beginnt. Auch das Menschenleben ist ein Kreislauf zwischen Geburt, Tod und Wiedergeburt. Ja, das gesamte Universum entsteht und vergeht auf diese Weise. Auf den Weltenfrühling folgt der Weltensommer, der Weltenherbst und schließlich der Weltenwinter. Diesen Winter beschreibt die Seherin in der *Edda* (*isländisch:* Völuspa; *deutsch*: Weissagung der Seherin) als Wolfzeit, als eine Zeit des Niedergangs, des Bruderstreits, des Auseinanderbrechens der Familien, des Wortbruchs und Betrugs. Sie hält an, bis schließlich das Feuer die Welt verschlingt, die Erde ins Meer versinkt und die Sonne sich verdunkelt. Doch dann dämmert ein neues goldenes Zeitalter, der Weltenbaum ergrünt, die Götter kehren wieder, und Widar, der Schweigende, der Gott der Waldestiefe, erneuert die Welt. Dieses Szenario ist indoeuropäischen Ursprungs. Auch die alten Griechen kannten die Abfolge vom goldenen zum silbernen, zum kupfernen und schließlich zum eisernen Zeitalter, dem erneut ein goldenes folgte. Die Inder kennen das Rad der vier Yugas, das goldene Satyuga, in dem Wahrheit und Wonne herrscht, gefolgt von absteigenden Zeitaltern, in denen die Tugend dahinschmilzt, bis zum Kaliyuga, in dem sich die Göttin als schwarze Kali offenbart, die alles zerstört und so den Weg für eine neue Schöpfung frei macht.

Das Leben ist eine ewige Wiederkehr. Wer also wissen will, was die Zukunft bringt, der versenke sich tief in die Vergangenheit. Umso tiefer man geht und den Kreis zurückverfolgt, umso mehr wird man des Kommenden gewahr.

Der Tag – das kleine Jahr

Ein weiteres Rad ist der Tagesablauf. Er ist das kleine Abbild des Jahreslaufs. Der taufrische Morgen, wenn die Sonne aufgeht, entspricht dem Frühling; Mittag entspricht Mittsommer; der Sonnenuntergang entspricht der Herbstgleiche, und Mitternacht entspricht der Wintersonnwende, der dunkelsten Zeit. Diese vier Kardinalpunkte des Tages waren für unsere Vorfahren heilige Zeiten. Da hielt man

inne, wendete sich den Göttern und Ahnen zu, oder verabreichte Heilmittel – »drei Tassen Tee am Tag, morgens, mittags und abends«.
Am **Morgen**, ehe man sein Tagwerk begann, begrüßte man die Sonne und die Götter. Es war auch die geeignete Zeit, um Heilpflanzen zu sammeln.
Mittags, wenn der Tag sich scheidet, galt – besonders bei den Kelten – als die richtige Zeit, um einen Konflikt zwischen zwei Dörfern oder Sippen, mittels Ordal oder Gottesurteil, zu schlichten. Beide Seiten boten ihren besten Kämpen (*französisch/englisch:* Champion) auf. Wenn die Schatten am kürzesten waren, standen sich die ebenbürtigen Kämpfer gegenüber. Dann war High Noon. Das Schicksal würde entscheiden, wer im Recht ist.
Um die **Mittagszeit** nimmt die Energie ab, die Menschen machen Pause, sie essen oder dösen. Jetzt geht ein Alb um, ein Geist, den die Römer und die Kirchenleute *Daemonum meridianus* nannten. Die germanischen und slawischen Bauern kannten ihn als Mittagsfrau, -hexe, *Poldsche* (sorbisch) oder Mittagsmuhme. Oft erschien sie, wenn sich die Bauern, ermüdet von der Feldarbeit, hinlegten. Als weiße Jungfrau kam sie und flehte um Erlösung. Christliche Mönche fürchteten sie, denn zu ihnen kam sie in der Gestalt einer Nonne, um sie zu verführen. Bei den Slawen gab sie sich gefährlich: Wer das Rätsel, das sie aufgab, nicht lösen konnte, dem schnitt sie mit einer Sichel den Kopf ab – die Folgen beim Erwachen waren heftige Kopfschmerzen.
Der **Abend**, wenn die Sonne sich verabschiedet, war Feierabend. Nun ruhte die Arbeit; man wendete sich den geistigen Dingen zu. Das Landvolk wusste, wer den Feierabend nicht einhält, den bestraft die »wilde Jagd«, dem tun die »seligen Leute« Unrat und Dreck ins

Salz und Mehl, dessen Felder werden vom Hagelschlag getroffen. Dem Bauern, der noch bis in die Nacht hinein pflügt, machen die Zwerge die Pferde scheu. Wie ernst man den Feierabend nahm, zeigt die folgende Legende.

»Die Legende
von der heiligen Notburga«

Notburga war eine einfache Bauernmagd, die bei der Kornernte half. Das Feld war noch nicht abgeerntet, die Sonne stand schon tief und die Abendglocken läuteten. Da legte sie ihre Sichel beiseite und wollte gehen. Als der Bauer das sah, herrschte er sie an: »Weiterarbeiten! Wir sind noch nicht fertig!«

»Nein«, erwiderte sie, »es ist die heilige Abendzeit.«

Ihr Dienstherr wurde zornig und hob die Hand, um sie wegen ihres Ungehorsams zu züchtigen. Da nahm sie ihre Sichel und hängte sie in der Luft an den letzten Sonnenstrahl. Als der Bauer das sah, erkannte er, dass das Mädchen eine Heilige war, und fiel vor ihr auf die Knie.

Bereits die Kelten kannten den Gedanken des Feierabends. Hinter der heiligen Notburga steckt vermutlich eine alte keltische Göttin. Die Heiligenlegende erzählt, dass sie als Eremitin von der Milch einer Hirschkuh ernährt wurde und dass jeden Morgen ein weißer Hirsch kam, der ihr Brot brachte. Als sie starb, zogen zwei weiße Stiere den Wagen, auf dem sie lag. An der Stelle, wo sie anhielten, wurde sie beerdigt.

Die **Mitternachtsstunde**, wenn die Sonne ihren Nadir (Fußpunkt) erreicht, ist der vierte Kardinalpunkt im Tageskreis. »*Tüsken twölf un een, sund alle Geister to Been*« *(Zwischen zwölf und eins, sind alle Geister unterwegs)*, sagte man in Oldenburg. Es sind die ruhelosen Spukgeister: Hingerichtete, Selbstmörder, falsche Pfaffen und alle anderen, die in der Zwischenwelt gefangen sind. Auch Hexen, Werwölfe und Zauberer sind dabei. Vor dieser Zeit sollten Ratsversammlungen unbedingt beendet sein, anderenfalls würde nichts Gutes dabei herauskommen.

Um Mitternacht sollte der Mensch also am besten schlafen. Das Bettgestell, wie wir es heute kennen, kam erst mit den Römern in Mode. Die Waldvölker schliefen auf Erdbänken, in Schlafgruben oder, im Norden, in offenen Holzkisten. Das Wort Bett, wie auch Beet, lässt sich auf die indogermanische Sprachwurzel *bhedh (in der Erde graben) zurückführen. Der Schlafplatz ist also ein kleines Grab. Und tatsächlich: Der Schlaf galt als der kleine Tod. Wie im Tod reist die Seele während des Schlafs in die jenseitige Welt, ins Reich der Frau Holle. Diese Göttin ist Seelenhüterin und – wir werden es gleich sehen – die Seelen erscheinen der Holle wie Gänse. Sie ist die Gänsemutter. Zum Schlafen legte man sich auf Stroh, Felle und vor allem Gänsefedern. Hühnerfedern waren tabuisiert. Indem man sich mit Gänsefedern zudeckte, befand man sich im Reich der Frau Holle. Aus diesem Grund hatte in Mitteleuropa das Federbett praktisch kultischen Status. Am Morgen musste es gut aufgeschüttelt und an die frische Luft gehängt werden. Anschließend musste das Bett ordentlich gemacht werden, »damit kein Geist sich hineinlegt«. Die Daunenfedern durften nur bei abnehmendem Mond in die Kissen gefüllt werden. All das war ausdrücklich Frauenarbeit und für Männer tabu.

Frau Holle und der Holunder

Eines der ältesten Märchen überhaupt ist das von Frau Holle. Unsere Vorfahren kannten diese Urgöttin schon seit langer Zeit. In altsteinzeitlichen Kulthöhlen wurden sogenannte Venusfigurinen gefunden, geschnitzt aus Elfenbein oder Speckstein. Die Figuren sind dickleibig, mit üppig betonten weiblichen Geschlechtsmerkmalen, großen Brüsten und runden Bäuchen. Wahrscheinlich handelt es sich um Abbildungen der göttlichen Ahnfrau, der Mutter der Tiere und Pflanzen, die in der Tiefe, an den Wurzeln des Weltenbaumes, sitzt, an der Quelle des Seins. Ihr Name Holle, Hold, Hullefrau oder Hel beinhaltet das Verhohlene, das Verhüllte, aber auch das Helle, denn in der hellsichtigen Schau erscheint ihr unterirdisches Reich als lichterfüllt und hell. Menschen, die eine Nahtoderfahrung gemacht haben, berichten häufig von diesem strahlend weißen Licht.

Im süddeutschen Sprachraum wird diese Urgöttin Bercht, Perta, Berta oder Perchta genannt, und das bedeutet glänzend, »in Licht gehüllt« (*althochdeutsch:* peraht *wie* leuchtend, glänzend). Sie ist wild, wie die Berge selbst, und erscheint als furchterregendes altes Weib mit wirrem Haar, langen Zähnen und großer Nase. In den Rauhnächten[1] zur Wintersonnenwende und im Februar zieht sie wie ein Schneesturm umher als Anführerin der Dämonen: der schönen und schiachn (hässlichen) Perchten, der ruhelosen Toten, der Elben, der Naturgeister und der ungetauften Kinder. Ihrem wilden Gefolge ließ man Speisen als Opfer. Man glaubte, ihr stürmischer Zug über die Felder bringe Fruchtbarkeit. Wahrscheinlich ist die Bercht, die Berta oder Herta verwandt mit der altgermanischen Erdgöttin Nerthus – so klang ihr Name in den Ohren des römischen Völkerkundlers Tacitus. Vielleicht ist auch die Lichterjungfrau Luzia, die die Menschen in Schweden zur Wintersonnwendzeit besucht, eine ihrer Erscheinungen – auch wenn es sich dabei um eine christliche Heilige handelt.

Das Holle-Reich und der Weg dorthin

Das Märchen *Frau Holle*, aufgezeichnet von den Gebrüdern Grimm, verrät viel über das Weltbild unserer vorchristlichen Vorfahren. Man wusste, der Zugang zum Reich von Frau Holle führt über Brunnen, Teiche, Sümpfe und Höhlen, aber auch – wie wir später erfahren werden – durch Hofholunder. Heldin des Märchens ist die Goldmarie, die am Brunnen sitzt und spinnt. Die Göttin ist selber eine Spinnerin, sie spinnt nicht nur die Lebensfäden aller Geschöpfe, sie spinnt auch das Garn, aus dem das Gewebe unserer Wirklichkeit gewoben wird. Ihr liegen Spinnerinnen am Herzen. Man glaubte einst sogar, dass sie faule Spinnerinnen bestrafen würde.

Frau Holle

Es war einmal eine Witwe, die hatte zwei Töchter. Davon war die eine schön und fleißig, die andere hässlich und faul. Sie hatte aber die hässliche und faule, weil sie ihre leibliche Tochter war, viel lieber, und das hübsche Kind musste alle Arbeit tun und das Aschenputtel im Hause sein.

Fast jeden Tag saß das arme Mädchen mit einer Spindel am Brunnen und spann Garn. Sie spann so fleißig, dass ihre Finger davon blutig wurden. Auf einmal rutschte ihr die Spindel aus der Hand und fiel hinab in das Wasser. Sie versuchte noch, sie zu fangen, verlor aber das Gleichgewicht, rutschte aus und stürzte in die Tiefe des Brunnens. Plötzlich befand sie sich auf einer sonnigen Blumenwiese. Alles blühte in den schönsten Farben, Schmetterlinge flatterten umher, es war ganz wunderbar.

Sie war in das Holle-Reich gefallen, das Lichtreich unter der Erde, das die Germanen groni godes wang (grüne Gotteswiese) nannten. Da befindet sich ein Weg, der in anderen Überlieferungen als

Totenweg oder Helweg bekannt ist. Diesen langen, staubigen Weg, von dem auch Schamanen und Seher aus ihrer Schau berichten, müssen die Toten gehen, bis sie ins eigentliche Totenreich gelangen. Damit sie sich mühelos fortbewegen können, setzte man im keltisch-germanischen Kulturraum die Verstorbenen immer mit gutem Schuhwerk bei. Im amerikanischen Westen werden Cowboys noch heute mit ihren Stiefeln an den Füßen begraben.
Dieser Totenweg, obwohl er sich unter dem Erdboden befindet, ist zugleich am Himmel zu sehen. Es handelt sich um die Milchstraße. Mit unserem logischen Verstandesdenken scheint das ein Widerspruch zu sein: Wie können sich die Toten unter der Erdoberfläche befinden und zugleich im Himmel? In der Mythologie jedoch ist das kein Widerspruch. In der Anderswelt gelten andere Regeln.

Diesen Weg wanderte nun das Mädchen. Oder besser gesagt, sie tanzte leichten Schrittes durch die wunderschön blühende, grüne Wiese.

Dort traf sie auf eine Kuh, die da graste.

»Mein Euter ist voll, liebes Mädchen, bitte melke mich«, muhte die Kuh.

»Gerne, liebe Kuh«, sagte das Mädchen und machte sich ans Melken.

Wer war diese Kuh? War es Audumbla, die Milchreiche? Am Anfang der Zeit leckte diese Urkuh den Riesen Ymir aus einem Eisblock heraus und labte ihn mit ihrer Milch. (Ymir wurde später von den Göttern geopfert, und aus seinem Körper wurde die Erde geschaffen.) Die Kuh ist die nährende Urseele, die, wie es in vielen indogermanischen Mythen heißt, schon vor Beginn der Weltwerdung da war. Sie ist die Große Göttin selbst – in Tiergestalt. Sie erscheint hier, um die Seele des Verstorbenen zu prüfen. Doch kehren wir zur Erzählung zurück:

Das schöne Mädchen lief weiter und plötzlich sah es einen Backofen. Aus der heißen Backröhre rief ein Brot: »Nimm mich heraus, nimm mich heraus, sonst verbrenne ich; ich bin schon längst ausgebacken.«

Da das Mädchen eine gute, hilfsbereite Seele war, nahm es die Backschaufel, zog das Brot heraus und rettete es vor dem Verbrennen.

Der Backofen ist von alters her ein Symbol für den weiblichen Schoß, und der frische, warme Brotlaib ist dem kleinen Leib eines neugeborenen Kindes nicht unähnlich. In alten Zeiten haben die Bäckerinnen den Brotlaib häufig sogar mit einem »Bauchnabel« versehen. Frisches Brot fühlt sich ja auch ähnlich wie ein Baby an: warm und lebendig. Instinktiv hält man es ans Herz, so wie man ein Wickelkind halten würde, und gerne schnuppert man daran. Tatsächlich riecht ein neugeborenes Kind gut; manchmal sogar wie frisches Brot. Das Mädchen, das sich eigentlich in der jenseitigen Welt befindet, betätigt sich, indem es das Brot aus dem Backofen holt, also als eine Art Hebamme. Man glaubte früher nämlich, dass die verstorbenen Ahnen oder die »seligen Frauen« den Gebärenden beistehen. Sie helfen den Seelen, die sich wieder verkörpern, über die Schwelle in die diesseitige Welt. Überhaupt war man davon überzeugt, dass die Verstorbenen Fruchtbarkeit schenken.

Nachdem sie das Brot aus dem Ofen geholt hatte, lief das Mädchen weiter und kam zu einem Apfelbaum. Der hing voller Äpfel und rief: »Schüttle mich, schüttle mich. Wir Äpfel sind alle miteinander reif!«

Sie schüttelte den Baum kräftig, las die Äpfel sorgfältig auf und machte sich weiter auf den Weg.

Für die Waldbewohner nördlich der Alpen waren Äpfel die wichtigste Vitamin-C-Quelle. Schon seit der Jungsteinzeit wurde dieses Obst in Mitteleuropa angebaut; und auch wenn es nicht die kultivierten Sorten waren, die uns die Römer brachten, so waren es dennoch keine kleinen harten Holzäpfel. Abgesehen von getrockneten Hagebutten oder Vogelbeeren gab es außer Äpfeln kein Obst, das den gefürchteten Scharbock (Skorbut) im Winter verhindern konnte. Äpfel sind haltbar und bleiben lange frisch; man kann sie als Apfelschnitz trocknen oder Most und Essig aus ihnen machen. Sie symbolisierten folglich Lebenskraft, Liebe und Fruchtbarkeit. Auch für die Verstorbenen waren Äpfel als Opfergaben wichtig. Im Herbst, etwa zum keltischen Halloween-Fest, wurden die Ahnen mit Äpfeln und Haselnüssen bedacht. Selbst Götter konnten ohne Äpfel nicht leben. Bei den Germanen war es die Göttin Idun, die den Himmlischen ihre Äpfel brachte. Einmal, nachdem Idun geraubt worden war und die Äpfel unauffindbar waren, da wurden die Götter alt, grau und gebrechlich. Im Gegensatz zur Bibel, wo der Apfel als etwas Böses dargestellt wird, als Symbol der Versuchung, war er für die Kelten, Germanen und Slawen ein Symbol des Lebens.

Nach einer Weile kam das Mädchen an ein kleines Häuschen. Eine alte Frau schaute heraus. Die hatte lange, große Zähne und wirres Haar, sodass die Gute Angst bekam. Aber die Alte sprach freundlich zu ihr und sagte: »Fürchte dich nicht, keine Sorge, komm herein. Du kannst bei mir wohnen. Du kannst mir helfen.« Das war Frau Holle.

Als archaische Erdgöttin hat sie diese großen, spitzen Zähne, denn sie trägt die Wildheit, das Chaos und die Gewalt der Natur in sich. Ihr Wesen ist nicht nur auf das Nette und Freundliche beschränkt, sie ist auch die Mutter der groben Feuer-, Stein- und Eisriesen und der Drachen. Ja, sie selbst ist der verschlingende Erddrache. In der geschichtlich jüngeren Kultur der nordgermanischen Wikinger wird sie mit Hel identifiziert. In dieser Erscheinung ähnelt sie der schrecklichen indischen Göttin Kali. Ihr Reich, Hel-Heim, ist von einem Eisenzaun umgeben; ihr Saal, in dem Schlangen Gift von der Decke träufeln, heißt Elend, ihre Schwelle Einsturz, ihr Bett Kummer und ihr Geschirr Hunger. Aber das ist eine sehr späte Vorstellung, eine, die stark von der christlichen Hölle beeinflusst ist und ein Spiegel jener unruhigen Zeit, in der Hunger und Krieg herrschten. Das ursprüngliche Bild der Göttin war milder. Sie ist eine holde Göttin, die den guten Seelen in einer wunderschönen, lieblichen Gestalt erscheint. Sie ist nämlich auch Freya, die Göttin der Schönheit und Liebe.

Das Mädchen nahm die Einladung an. Tagsüber schüttelte es die Gänsefederbetten auf, sodass die Daunen nur so herumwirbelten und als Schnee auf die Erde fielen und Wälder, Wiesen und Felder unter einer feinen weißen Decke verbargen. Und wenn die fleißige Magd Frau Holle beim Kochen half, dann stieg der Dampf als Nebelschwaden aus den Schluchten empor.

Einst glaubte man, dass der Schnee im Winter der Scholle Fruchtbarkeit bringt. Wenn es sehr viel Schnee gab, dann würde es im kommenden Jahr eine gute Ernte geben und auch weniger Ungeziefer und Mäuse. Die Verstorbenen helfen also nicht nur die Fruchtbarkeit der Erde zu erhalten, sondern sie machen auch das Wetter. Wenn sie nun die Betten der Holle nicht gründlich schütteln oder überhaupt faul sind, dann gibt es keine richtigen Winter mehr. Dann kommt es zu Wetterverstimmungen, und der Natur und den Menschen geht es schlecht. Diese Überzeugung ist nahezu universal. Bei fast allen traditionellen Völkern gedenkt man der Verstorbenen und opfert ihnen, damit sie freudig ihre Pflichten erfüllen. Denn wenn sie das nicht tun, dann werden immer weniger Kinder auf Erden geboren, die Sippen sterben aus, das Wetter wird instabil und die Ernten werden schlechter. Deswegen stellte man sicher – und bis zum heutigen Tag sogar im modernen China, in Mexiko und in Afrika –, dass die Toten glücklich und zufrieden sind.

Heute wissen wir es besser – oder vielleicht auch nicht. Für jemanden, der behaupten würde, dass der drastische Geburtenrückgang in Europa und der Klimawandel davon herrühren, dass wir keinen Ahnenkult mehr betreiben, hätten wir nur ein mitleidiges Lächeln übrig. Wir »wissen« – auch wenn es für unser Selbstverständnis schmerzlich ist –, dass mit dem Ende aller Hirn- und Nervenfunktionen alles, was wir Geist oder Seele nennen, erloschen ist. Eiweiße und Kohlehydrate zersetzen sich und die Leiche stellt uns nur noch vor ein Entsorgungsproblem. Höchstens in den Erinnerungen unserer Verwandten und Freunde oder in den Genen unserer Nachkommen ist uns noch ein illusionäres, flüchtiges Weiterbestehen gegönnt.

Für unsere Vorfahren glich der tote Körper einem verschlissenen Kleid, das abgelegt wird. Die Seele aber lebt in einer anderen Dimension weiter. Nach ihrer Wanderung verweilt sie bei den Ahnen in dem Hünengrab. Oder sie streift, auf ihrem Weg in eine neue menschliche Verkörperung, eine Weile als Tier durch den Wald oder zieht als Vogel hoch am Himmel ihre Kreise. Daran zweifelte niemand. Schamanen und Hellsichtige konnten bezeugen, dass es so war.

Jeden Tag schüttelte das Mädchen brav die Federbetten aus und auf Erden schneite es. Dabei muss man wissen, dass ein Tag bei der Frau Holle einem ganzen Menschenjahr auf Erden entspricht. Das Mädchen hatte ein gutes Leben bei der Alten, nie wurde ein böses Wort gesprochen, und jeden Tag gab es Gesottenes und Gebratenes.

Wir sehen also, es geht den Toten bei der Frau Holle gut. Eine Hölle mit Pech und Schwefel, voller Qualen, die kennen Naturvölker, wie es unsere Vorfahren waren, kaum.

Es ging dem Mädchen also gut, dennoch war es traurig und wusste anfangs selber nicht, was ihm fehlte. Eines Tages erkannte es, dass es Heimweh war, und auch wenn es ihm bei Frau Holle viel besser ging als auf Erden, hatte es das Verlangen, ins Dasein zurückzukehren. Es wollte wieder zurück auf die Erde, auf die andere Seite. Schließlich offenbarte sich das fleißige Mädchen der alten Holle. Diese lächelte und antwortete: »Es gefällt mir, dass du wieder nach Hause willst. Du hast treu gedient.« Sie gab ihr die Spindel mit dem aufgerollten Faden wieder, nahm sie bei der Hand und führte sie zum Tor. Und als das Mädchen durch den Torbogen ging, fielen Goldstücke herab und blieben an ihrem Kleid haften. Zur gleichen Zeit rief der Hahn, der am Brunnenrand saß: »Kikeriki, kikeriki, unsere goldene Jungfrau ist wieder hie.«

Die Geschichte von Goldmarie ist eine Geschichte von Tod und Wiedergeburt. Die heidnischen Europäer bezweifelten nicht, dass die Seele nach einer Zeit in der Anderswelt wiederkehrt. Altes Karma, alte Schuld, unerfüllte Versprechen und Pflichten sind es, die sie zum Verlassen der Anderswelt bewegt und wieder ins irdische Dasein zurückruft. Indem Frau Holle dem Mädchen die Spindel zurückgab, schenkte sie ihm den verlorenen Lebensfaden wieder. Das Mädchen nimmt ihn auf und schreitet durch das Tor in ein neues Dasein.

Der Hahn, der wachsame Verkünder des neuen Tages, ist einer der heiligen Vögel der Göttin – in diesem Fall der Verkünder des neuen Lebens von Goldmarie. Für die Germanen war der Hahn ein Tier der Frau Sonne; er kräht am Morgen in der Übergangszeit zwischen Tag und Nacht. Um Kontakt mit den Verstorbenen herzustellen, war es Brauch, eine schwarze Henne oder einen schwarzen Hahn zu opfern. Das getötete Tier wird auf der grünen Wiese im Jenseits wieder lebendig. Im hohen Norden gab man dem gleißenden Asen Heimdall, der die Regenbogenbrücke zu den Göttern hütet, als Sinnbild der Wachsamkeit einen Hahn mit goldenem Kamm bei. Die alte Symbolik des Hahns als Grenzwächter wurde auch von den Christen übernommen, die ihn als Wetterhahn auf ihre Kirchtürme setzten.

Goldmaries Name weist darauf hin, dass sie ein positives Schicksal haben wird. Sie hat sich ein gutes Karma geschaffen und einen guten Weg vor sich. In den modernen Zivilisationen glauben wir, dass vor allem das soziale Umfeld und die genetische Veranlagung unseren individuellen Lebensweg bestimmen. Unsere heidnischen Vorfahren jedoch waren überzeugt, dass wir mit unserem Schicksal geboren werden. Doch dieses Schicksal ist nichts Fremdes. Man hat es sich, im Kreislauf von wiederholtem Leben und Tod, selber geschaffen. Durch seine Entscheidungen, Gedanken, Worte und Taten hat jeder Mensch sein Schicksalsgewand eigenhändig gesponnen und gewebt.

Goldmaries Stiefschwester, die ebenso eingebildet war wie faul, dachte nun: »Warum hat die denn so viel Glück?«

Und als sie davon hörte, was der Goldmarie auf der anderen Seite geschehen war, dachte sie: »Ha, das will ich auch machen.«

Natürlich hatte sie keine Lust zu spinnen, bis ihre Finger blutig wurden. Sie machte sich's leicht und stach sich mit einem Dorn in die Finger. Die Spindel warf sie in den Brunnen und sprang hinterher. Auch sie landete auf der wunderschönen blühenden Wiese. Aber sie hatte keine Augen für die Schönheit, denn sie dachte nur an das Gold, das sie bekommen würde.

Sie erblickte die Kuh mit dem dicken Euter. Die Bitte der Kuh sie zu melken, wies sie barsch ab, mit den Worten: »Ich hab keine Zeit, der Weg ist weit!«

Sie hastete weiter auf dem langen Weg, als sie plötzlich den Backofen gewahrte. Die Brote riefen ihr zu: »Zieht uns heraus, sonst verbrennen wir, wir sind schon längst ausgebacken!«

»Ich bin doch nicht blöd«, antwortete sie beim Vorübergehen, »ich mach mich doch nicht schmutzig!«

Sie kam auch zu dem Apfelbaum, der voller reifer Äpfel hing. Dieser rief: »Ach, schüttle mich, schüttle mich.« Und die roten Äpfelchen riefen: »Pflücke uns, wir sind alle miteinander reif und wollen nicht verderben.«

»Ich bin doch nicht blöd, ich lasse mir keinen Apfel auf den Kopf fallen!«, gab sie als Antwort. »Außerdem, der Weg ist weit, ich hab dafür keine Zeit!«

Als sie schließlich das Häuschen der Frau Holle erreicht hatte, fürchtete sie sich nicht vor den großen Zähnen und dem wirren Haar der Alten. Sie hatte ja schon von ihrer Stiefschwester davon gehört. Sie war – ähnlich wie ein belesener Esoteriker unserer Zeit – darauf vorbereitet. Selbstverständlich war sie schön fleißig am ersten Tag und schüttelte die Federbetten gut auf. Aber schon am zweiten Tag wurde es ihr zu öde; sie schüttelte die Kissen kaum noch, und am dritten Tag überhaupt nicht mehr. »Ich bin schließlich keine Dienstmagd«, befand sie. Unten auf der Erde wurde bald über die Klimaerwärmung berichtet. Schließlich war es sogar Frau Holle zu bunt und sie sagte zu dem faulen Mädchen: »So, nun ist es Zeit für dich, wieder zu gehen.«

Das Mädchen freute sich riesig, nahm die Spindel und spazierte, in Erwartung eines Goldregens, stolz durch das Tor. Doch nicht Gold regnete auf die Ärmste herab, sondern schwarzes Pech. Das klebte an Pechmarie und sie sollte es zeitlebens nicht mehr loswerden. Der Hahn, der wackere Wächter am Brunnen rief: »Kikeriki, kikeriki, unsere schmutzige Jungfrau ist wieder hie!«

Der Weg der Seelenvögel

Wie wir schon hörten, kennen viele Völker die Vorstellung eines Totenwegs, wie ihn Goldmarie und Pechmarie zu gehen hatten. Im slawischen Osteuropa galt die Milchstraße als eine Flugschneise von Geistervögeln, denn die entkörperten Seelen legen sich das Vogelgewand von Gänsen und Schwänen an. Ein russisches Märchen erzählt ebenfalls von diesem Weg in der Jenseitswelt.

Es lebten einmal ein Mann und eine Frau, die hatten eine Tochter und einen kleinen Sohn. Als die Eltern einmal außerhalb des Hofs arbeiten mussten, sagten sie zu dem Mädchen: »Pass gut auf deinen Bruder auf. Bis wir am Abend wiederkommen, lasse ihn nicht aus den Augen!«

Das Mädchen setzte den kleinen Bruder ins Gras und sprang fort, um zu spielen und sich zu vergnügen. Da kamen plötzlich wilde Gänse und Schwäne dahergeflogen, ergriffen den Jungen und nahmen ihn fort.

Als das Mädchen zurückkam, rief es nach seinem kleinen Bruder, lief hierhin und dorthin, aber er war nicht zu finden. Da lief das Mädchen ins weite Feld hinaus und sah gerade noch, wie die Gänse und Schwäne hinter dem dunklen Wald verschwanden. Die unheimlichen Vögel waren längst dafür bekannt, dass sie kleine Kinder stahlen. Dem Mädchen war jetzt klar, dass sie auch ihren Bruder fortgetragen hatten.

Das Mädchen lief und lief. Da kam es an einen Milchbach zwischen Ufern aus roter Grütze.

»Milchbach, sage mir, wo sind die wilden Gänse hingeflogen?«

»Iss meine rote Grütze mit Milch, dann sag ich's dir«, antwortete der Bach.

»Nein, danke, bei meinem Vater wird Grütze nicht einmal mit Sahne gegessen!«, antwortete das Mädchen und lief weiter.

Das Mädchen lief und lief. Da kam es an einen Backofen.

»Ofen, Ofen, sag, wo sind die Gänse hingeflogen?«

»Iss von meinen Roggenbrötchen, dann sag ich's dir«, sagte der Ofen.

»Nein, danke, mein Vater isst nicht einmal Brötchen aus Weizenmehl!«, antwortete das Kind und rannte weiter.

Nun kam es zu einem Apfelbaum.

»Apfelbaum, Apfelbaum, sag, wo sind die Gänse hingeflogen?«

»Iss von meinen roten, reifen Holzäpfelchen, dann sag ich's dir!«, sagte der Baum.

»Nein, danke, bei meinem Vater werden nicht einmal saftig süße Gartenäpfel gegessen!«, antwortete das Mädchen.

Noch lange wäre es über Wiesen und Wälder gelaufen, wenn dem Mädchen da nicht ein Igel auf dem Pfad begegnet wäre. Behutsam fragte es: »Igelchen, Igelchen, hast du gesehen, wo die Gänse hingeflogen sind?«

Kaum hatte das kleine Stacheltier geantwortet: »Dort hin!«, da lief das Mädchen schon weiter.

Plötzlich, mitten im Wald, sah es eine Hütte auf einem Hühnerbein. Die Hütte drehte sich. Drinnen saß eine Alte mit langer triefender Nase, spitzen Reißzähnen und einem Fuß aus Lehm. Das war die

Baba-Jaga. Neben ihr auf der Bank saß der kleine Bruder und spielte mit goldenen Äpfeln. Das Mädchen schlich sich heran, ergriff ihn und trug ihn fort. Aber es dauerte nicht lange, sie waren gerade beim Apfelbaum, da kamen die bösen Gänse hinterhergeflogen. Wo sollte sie sich vor ihnen verstecken?

»Apfelbaum, Apfelbaum, verstecke uns!«, flehte das Mädchen.

»Ja, aber nur, wenn du von meinen Holzäpfeln isst!«

Schnell aß es einen Apfel und der Baum bedeckte die Geschwister mit seinen Ästen. Die Gänse flogen vorüber. Die beiden Kinder rannten weiter. Doch wieder kam der Schwarm geflogen. Zum Glück war da gerade der Backofen.

»Ofen, Ofen, verstecke uns!«

»Ja, aber nur, wenn du von meinem Roggenbrötchen isst!«

Da steckte sich das Mädchen schnell ein Roggenbrötchen in den Mund und kroch mit ihrem Bruder in den Ofen. Die Gänse flogen mehrmals um den Ofen, aber konnten die Kinder nicht entdecken.

Als die Luft rein war, liefen sie weiter. Als die Gänse wieder auftauchten, kamen sie gerade an den Milchbach mit den Ufern aus roter Grütze. Der Bach versteckte die Geschwister, nachdem sie etwas Grütze mit Milch gegessen hatten. Und von da aus war es dann nicht mehr weit nach Hause. Sie kam gerade noch rechtzeitig an – kurz bevor ihre Eltern heimkehrten.

Die Baba Jaga

Das russische Märchen enthält interessante Parallelen zu dem von Frau Holle. Auch der Weg, den die Gänse fliegen, führt zu einer alten hässlichen Frau, der Baba Jaga, die tief im Wald wohnt. Von der ursprünglichen slawischen Göttin, die in dreifacher Gestalt als schöne Jungfrau, als Mutter und als altes Weib erscheint, begegnet uns hier ihr dunkler, schrecklicher Aspekt. In manchen alten Sagen erscheint die alte Baba Jaga noch mit zwei Töchtern – ähnlich wie die alte Mutter im deutschen Märchen von Schneeweißchen und Rosenrot. Mit der Ankunft des Christentums durfte sie nur als gefährliche, alte Hexe in den Märchen der slawischen Völker überleben. Sie mutierte, wie auch die germanische Holle, zur Großmutter des Teufels. Und wie diese, erweist sie sich gelegentlich auch als hilfreich. Als Herrin der wilden Natur ist sie kräuterkundig und hat Macht über die Tiere. Wenn sie sich durch den Wald bewegt, weht der Wind, sodass es im Geäst knackt und das Laub aufwirbelt. Sie fliegt, typisch Hexe, auf einem Mörser und steuert mit einem Stößel, derweil sie ihre Spur mit einem Besen verwischt. Mörser und Stößel sind – wie das indische Lingam/Yoni oder der nordeuropäische Maibaum mit Kranz – Symbole für den weiblichen Schoß und das männliche Glied. Sie war wahrscheinlich einst auch Göttin der Fruchtbarkeit; noch immer gilt sie als Hüterin des Wassers des Lebens, aber auch des Wassers des Todes.

Wie die Holle ist sie die Todesgöttin und wie diese ist sie mit Gänsen verbunden. Auf der nach Norden führenden Milchstraße, der Flugbahn der Wildgänse, gelangen die Toten zu ihr. Die slawischen

Märchen zeichnen ein grausames Bild von ihr: Sie ist eine Menschenfresserin, sie fängt Seelen und frisst sie. Das Holzhaus der alten Hexe steht auf einem Hühnerbein und dreht sich um die eigene Achse. Es ist umgeben von einem Zaun aus Knochen und Gerippen. Totenschädel mit glühenden Augen stecken auf den Knochen. Was bedeutet das Hühnerbein, auf dem das Holzhaus steht? Der Hühnerfuß mit seinen drei Zehen lässt an den Weltenbaum mit seinen drei Wurzeln denken. Auch der germanische Weltenbaum hat drei Wurzeln, und der Dreizack, das Symbol und Zepter sibirischer Schamanen, stellt ebenfalls die drei Wurzeln dar. Und warum dreht sich das Häuschen? Es dreht sich, so wie der Sternenhimmel, einmal am Tag um die eigene Achse (um den Nordstern). Auf diese Weise offenbart sich diese, zur bösen Alten verkommenen Urgöttin als Zentrum des Universums.

Das Mädchen in diesem Märchen ist eigentlich eine Schamanin, die sich auf den Pfad der Toten hinauswagt, um die Seele ihres Brüderchens, welche die Geistervögel gestohlen haben, wieder in die Welt der Lebenden zurückzuführen. Bezeichnend ist, dass sie die Nahrungsangebote der Geisterwelt nicht annimmt, heißt es doch, wenn man mit den Elfen oder Totengeistern isst und trinkt, dann ist man gezwungen dort zu bleiben. Auch in Träumen sollte man übrigens von den Verstorbenen keine Nahrung annehmen. Auf dem Rückweg in die Welt der Lebenden jedoch, nimmt das Mädchen die Gaben an. Sie ist jetzt bereits auf dem Weg hinaus. Alles, was sie nun mitnimmt, wird ihr zu Begabungen, zu Intuitionen und Inspirationen verhelfen.

Wassilissa, die Wunderschöne

Das russische Märchen *Wassilissa, die Wunderschöne*, kann uns ebenfalls helfen, das Wesen der verdrängten Urgöttin besser zu verstehen. Auch in diesem Märchen finden wir Parallelen zum Märchen von Frau Holle.

Einst lebte ein Kaufmann, der hatte eine Frau und eine wunderschöne Tochter. Als das Mädchen acht Jahre alt war, saß es am Totenbett seiner Mutter. Diese holte unter ihrer Bettdecke eine Puppe hervor und sprach zu ihrer Tochter: »Hör, kleine Wassilissa: Ich sterbe, und mit meinem mütterlichen Segen hinterlasse ich dir diese Puppe. Verwahr sie gut und zeig sie niemandem. Wenn dir aber ein Leid widerfährt, dann gib der Puppe zu essen und frag sie um Rat. Sie wird dir sagen, wie dem Unglück abzuhelfen ist.«

Der Vater heiratete bald wieder. Er ehelichte eine Witwe, die zwei Töchter hatte. Da sie in Wassilissas Alter waren, dachte er, es wäre gut. Aber es war nicht gut. Die Stiefschwestern waren hässlich, und die Stiefmutter war neidisch auf die Schönheit Wassilissas. Sie ließen Wassilissa die schlimmsten Aschenputtelarbeiten machen und hofften, dass die viele Schufterei sie abmagern lassen und hässlich machen würde. Aber Wassilissa ertrug ihre Mühen ohne Murren und wurde von Tag zu Tag schöner und üppiger. Stiefschwestern und Stiefmutter aber wurden, wegen der Wut und dem Hass, den sie in sich trugen, immer magerer und hässlicher, obwohl sie wie vornehme Damen nur mit den Händen im Schoß dasaßen. Von der Puppe, die Wassilissa half, wussten sie nichts. Während sich das Mädchen im Schatten der Hoflinde ausruhte oder Blumen pflückte, jätete die Puppe das Unkraut, goss die Kohlpflanzen, brachte Wasser vom Brunnen oder heizte den Ofen.

Die Jahre vergingen, Wassilissa wuchs heran und da sie die Schönste weit und breit war, bekam sie viele Heiratsanträge. Die Töchter der Stiefmutter dagegen beachtete niemand. Da wurde es der Stiefmutter zu viel. Sie ersann eine List, um das ungeliebte Mädchen loszuwerden: Alle Feuer im Haus wurden gelöscht und die Stiefschwestern machten – aus Versehen, wie sie sagten – mit der Dochtschere die einzige Kerze aus, die noch brannte.

»Jemand muss Feuer holen«, sagte die hinterlistige Stiefmutter.

»Wir nicht«, riefen die Schwestern, »wir haben zu tun.«

Die Stiefmutter stieß Wassilissa zur Stube hinaus und sagte: »Da, im Wald wohnt die Baba Jaga, lauf hin, die hat immer Feuer.«

Insgeheim hoffte sie, das Mädchen würde sich im finsteren Wald verlaufen. Und wenn es nicht von Wölfen zerrissen oder verhungern würde, dann würde die alte Waldhexe, die Baba Jaga, es bestimmt auffressen.

Wassilissa zitterte vor Angst, aber das Püppchen, nachdem es gefüttert wurde, sagte: »Fürchte dich nicht. Solange wir zusammen sind, kann dir nichts geschehen.«

Als sie so durch die Dunkelheit liefen, sprengte plötzlich ein weiß gekleideter Reiter auf einem weißen Ross an ihnen vorbei – und es *begann hell zu werden. Kurz darauf ritt ein anderer Reiter vorbei. Der war rot gekleidet und sein Pferd war ebenfalls rot – da ging die Sonne auf.*

Wassilissa ging weiter und am nächsten Abend sah sie eine Hütte, umgeben von einem Zaun aus Menschenknochen. Auf dem Zaun steckten Totenschädel mit leuchtenden Augen. Gebeine waren die Torpfosten, und der Torriegel bestand aus Kieferknochen mit scharfen Zähnen.

Plötzlich sprengte ein schwarz gekleideter Reiter auf einem schwarzen Ross am Tor vorbei, da brach die Nacht herein und die Erde versank in Dunkelheit.

Wassilissa zitterte vor Furcht. Im Wald war ein heftiges Rauschen zu hören, die Bäume krachten und ächzten. Baba Jaga kam, auf einem Mörser reitend, angebraust. Mit dem Stößel trieb sie ihr Fahrzeug an und mit einem Ofenbesen fegte sie ihre Spur weg. Vor dem Tor hielt sie, schnupperte mit ihrer langen Nase und schrie: »Hier riecht es nach Menschenfleisch! Wer ist da?«

Das verängstigte Mädchen verbeugte sich tief und sagte: »Ich bin es, Großmütterchen. Meine Stiefschwestern schicken mich, bei dir Feuer zu holen.«

»Ja, die kenne ich!«, sprach die Alte: »Arbeite bei mir und ich gebe dir Feuer. Aber wenn du es nicht tust, fresse ich dich. Wenn ich morgen weggefahren bin, dann reinige den Hof, fege die Stube, koche das Mittagessen, wasch die Wäsche und in der Kornkammer reinige die vier Scheffel Weizen von dem damit vermischten Schwarzkümmel.«

Drei Paar Hände, die unsichtbaren Dienern gehörten, brachten der Alten Kwas (Brottrunk), Bier und Met, Fleisch, Brot und Kohl – es war mehr als zehn Bauern nach dem Dreschen hätten essen können. Sie fraß alles, legte sich ins Bett und schnarchte. Für Wassilissa blieb nur etwas Kohlsuppe, ein Happen Brot und etwas Ferkelfleisch übrig. Zuerst aber gab das Mädchen ihrer Puppe, die sie im Kleid versteckt hatte, zu essen.

»Wie soll ich die schwere Arbeit machen, die mir die Baba Jaga gegeben hat? Wenn ich es nicht schaffe, wird sie mich auffressen!«, jammerte sie. Die Puppe aber sagte: »Fürchte dich nicht. Iss dein Abendbrot, bete und geh schlafen. Der Morgen ist weiser als der Abend!«

Als Wassilissa am Morgen aufstand, jagte gerade der weiße Reiter vorbei, und es wurde hell. Baba Jaga war mit ihrem Mörser schon ausgefahren. Dann sprengte der rote Reiter vorüber, und die Sonne ging auf. Wassilissa überlegte, wie sie ihre Aufgaben erledigen könne. Aber als sie herumschaute, bemerkte sie, dass alle Arbeiten schon getan waren und sah, wie ihr Püppchen gerade die letzten Körner des Schwarzkümmels aus dem Weizen herauspickte.

»Nun brauchst du nur noch das Mittagessen zu kochen«, sagte die Puppe, »und dann erhol dich.«

Als der Abend dämmerte, ritt der schwarze Reiter vorbei. Es wurde dunkel. Die Augen in den Schädeln am Zaun begannen zu glühen. Die Bäume ächzten und krachten, Blätter wirbelten auf und Baba Jaga kam in ihrem Mörser angebraust. Wassilissa hatte das Abendbrot bereitet, und die Alte fand keinen Grund, böse mit ihr zu sein. Nachdem Baba Jaga gefressen und gesoffen hatte wie zehn Bauern nach der Feldarbeit, sagte sie: »Morgen tu dasselbe wie heute, und außerdem nimm den Mohn aus dem Kasten und reinige ihn von der Erde, Korn für Korn!« Dann legte sie sich hin und begann zu schnarchen, so laut wie ein Orkan.

Wassilissa gab ihrem Püppchen zu essen und dieses sprach: »Bete und leg dich schlafen. Der Morgen ist weiser als der Abend.«

Am nächsten Morgen fuhr Baba Jaga mit ihrem Mörser wieder fort. Wassilissa und die Puppe verrichteten alle aufgetragenen Arbeiten. Auch diesmal war die Alte zufrieden, als sie am Abend wiederkehrte. Sie befahl unsichtbaren Dienern, den Mohn zu Öl zu pressen. Drei Paar Hände erschienen und machten sich ans Werk.

Das Mädchen schaute schweigend zu, wie das geschah.

»Warum sagst du nichts? Du stehst da wie eine Stumme«, bemerkte die Baba Jaga.

»Ich wage es nicht«, antwortete Wassilissa, »aber wenn du es erlaubst, so wollte ich dich wohl etwas fragen.«

»So frag! Nur führt nicht jede Frage zum Guten. Wer viel weiß, wird schnell alt.«

»Ich will dich, Großmutter, nur nach dem weißen Reiter auf dem weißen Ross fragen. Wer ist das?«

»Das ist mein heller Tag!«, antwortete die Alte.

»Und der andere Reiter auf dem roten Pferd?«

»Das ist meine rote Sonne«, sagte die Alte.

»Und der auf dem schwarzen Pferd?«

»Das ist meine dunkle Nacht. Das sind meine treuen Diener!«

Wassilissa dachte an die drei Paar Hände, aber sie schwieg.

»Warum fragst du mich nicht noch mehr?«, sprach die Baba Jaga.

»Wer zu viel weiß, wird früh alt«, sagte Wassilissa. »Das hast du ja selber gesagt.«

»Das ist gut so«, sprach die Alte. »Wer zu viel fragt, den fresse ich! Aber sag, wie bringst du es fertig, all die Arbeiten zu verrichten, die ich dir aufgebe?«

»Mir hilft der Segen meiner Mutter«, antwortete Wassilissa.

»Also, das ist es! Nun geh! Ich brauche keine Gesegneten«, sagte die Baba Jaga, indem sie das Mädchen zur Tür hinausschob. Die Alte brach einen Schädel mit brennenden Augen vom Zaun, steckte ihn auf einen Stock, gab ihn dem Mädchen und sagte: »Da hast du Feuer für die Töchter der Stiefmutter, nimm es.«

Wassilissa lief einen Tag und eine Nacht. Nachts leuchteten die Augen des Schädels ihr den Weg. Als sie endlich am Tor des Hauses ankam, dachte Wassillisa: »Sicherlich haben sie inzwischen schon wieder Feuer«, und war dabei, den Schädel wegzuwerfen. Plötzlich kam eine dumpfe Stimme aus dem Schädel: »Wirf mich nicht weg. Trage mich hinein zu deiner Stiefmutter!«

Als sie den Schädel in die Stube brachte, richtete dieser seinen unheimlichen Blick auf die Stiefmutter und ihre Töchter. Die Augen glühten auf und verbrannten die drei bösen Weiber zu Asche.

Doch die Geschichte geht noch weiter. Nachdem die drei Bösen verbrannt waren, verdingte sich die schöne Wassilissa bei einer alten Frau, der sie half, Leinen zu spinnen. Das Mädchen spann so fein, so zart und dünn, dass man die Fäden durch ein Nadelöhr hätte ziehen können. Der Stoff, den sie daraus wob, war der feinste, der je gesehen wurde, feiner als Seide. Die Alte rief voller Bewunderung: »Ein solch Leinen kann niemand, außer dem Zaren, tragen!«

Der junge Zar war ebenso begeistert, als er die feine Ware sah. Er lobte die Alte für ihre Kunst. Diese aber gestand, sie sei es nicht gewesen, die den Stoff gesponnen und gewebt habe. Da wollte der Zar die Spinnerin und Weberin unbedingt sehen. Und als er dann die wunderschöne Jungfrau sah, verliebte er sich augenblicklich in sie, und bald darauf wurde Hochzeit gefeiert.

Wie jedes echte Märchen ist auch dieses slawische Märchen mehrdeutig und vielschichtig. Durch die schreckenserregende alte Hexe schimmert immer wieder das Wesen der inzwischen verdrängten und verteufelten archaischen Göttin hindurch. Der Weg zu ihr ist – wie der Weg zur Frau Holle – ein Weg ins Jenseits, ins Reich der Toten. Es ist der Weg, den Schamanen gehen. Es ist zugleich auch der Weg, den jede Menschenseele gehen muss.

Wassilissa – ihr Name bedeutet sprachwissenschaftlich eigentlich Königin – ist das Bild unserer lichthaften, göttlichen Seele. Sie wird als die Wunderschöne bezeichnet. Das Wort schön ist verwandt mit scheinen, leuchten, glänzen. Schön ist nur, was wahr, rein und königlich ist. Das Falsche, das Unwahre ist dagegen immer hässlich. Wenn unsere Seele wahr und rein ist, dann ist sie die Auserwählte des (göttlichen) Geistes. Dann steht die heilige Hochzeit, die Vermählung von Geist und Seele, von Königssohn und Königstochter bevor. Die Seele jedoch – unsere Menschenseele – muss zuvor durch eine Zeit der Prüfung und Läuterung gehen. Von der Welt wird sie, das Gotteskind, stiefmütterlich behandelt. Sie muss von Verzauberung befreit werden. Aber die Kräfte der Ahnen – im Fall von Wassilissa, die der verstorbenen Mutter – helfen. Die Puppe – sie ähnelt den Hilfsgeist-Puppen sibirischer Schamanen – verbindet sie mit der wahren Mutter, ebenso wie die Haselrute im Märchen von Aschenputtel. Das Füttern der Puppe stellt die Totenspeisung dar. Die Verstorbenen werden es danken und mit schicksalswendenden Wundern vergelten.

Weil sie eine reine Seele ist, hat Wassilissa die Prüfung bestanden. Die von den meisten Sterblichen gefürchtete Urgöttin ist ihr gnädig und belohnt sie mit der Kraft des Feuers.

Die Farben der Göttin

In dem Märchen von Wassilissa erfahren wir, dass Tag und Nacht und die Sonne – der weiße, der schwarze und der rote Reiter – Diener der verborgenen Göttin, der Baba Jaga sind. Die Farben, Weiß, Rot und Schwarz, sind und waren schon immer die Farben dieser dreifaltigen Göttin.

Weiß ist die Farbe der jungfräulichen, lichtbringenden Göttin, die im Frühling erscheint und nach dem Winter das Leben erneuert. Die Kelten nannten sie Brigantia (*irisch:* Brigid). Die lichthafte Birke ist ihr Baum. Diese weiße Göttin verwandelt sich in die rote Göttin der Reife, des fruchtbaren Lebensbluts und der feurigen Lebensglut, die die Lebensmitte des Menschen, wie auch die Jahresmitte im Sommer ausmacht. Und dann verwandelt sie sich abermals. Sie wird zur schwarzen Alten, zur Herrin der dunklen Jahreshälfte, des Alters und des Todes. Trotz dieser Erscheinungen ist sie ein und dieselbe Göttin.

In der hinduistischen Kultur wird diese dreifaltige Göttin noch immer verehrt und angebetet. Saraswati ist die weiße Göttin mit dem Schwan. Ihr Fest findet im Februar statt. Wie die keltische Brigantia ist sie es, die alles in Fluss und Bewegung bringt; sie schenkt den Barden, Sängern und Dichtern den Fluss der Inspiration. Sie ist die Shakti (Energie) des Schöpfergottes Brahma: Was er in seiner Meditation aus der Tiefe hervorbringt, benennt sie und fixiert es damit im Dasein. Anders gesagt, sie ist das schöpferische Wort, das am Anfang der Dinge steht. Wie der Birgid ist auch ihr die Birke (*Sanskrit:* bhurja) geweiht; die heiligen Veden wurden übrigens zuerst auf weißer Birkenrinde geschrieben.

Die rotgekleidete Göttin Lakshmi (*verwandt mit dem indogermanischen Wort* laksha *für* lachsrot), die Göttin des Glücks und Wohlstands, ist die Gefährtin Vishnus, des Weltenerhalters. Ihr Symbol ist die rote Lotosblüte.

Kali (*Sanskrit:* kalah *für* tiefschwarz) ist die schwarze, schreckenerregende Göttin, die Shakti Shivas, des Zerstörers. Sie zerstört alles Gewordene und treibt es in den Untergang. Die Hindus verehren Kali, da sie auch Trug, Illusion und Wahn beseitigt.

Die indische Philosophie spricht von drei Grundeigenschaften (*Sanskrit:* Guna) des Universums. Es sind die drei Qualitäten der Großen Göttin: Sattva, das Reine, Ruhige und Feine, dessen Farbe Weiß ist; Rajas, das Prinzip der Aktivität und Leidenschaft, dessen Farbe Rot ist; und Tamas, die Eigenschaft der Trägheit, Interesselosigkeit und Dummheit, deren Farbe Schwarz ist. Bei gütigen, weisen Brahmanen herrscht Sattva vor, bei den kämpferischen Kriegern Rajas und bei den Knechten Tamas.

Weiß, Rot und Schwarz

Weiß, Rot und Schwarz sind auch die Urfarben des Lebens und seiner Verwandlungen. Weiß ist der männliche Samen, der den weiblichen Schoß befruchtet; weiß ist die Milch der Mutterbrust, die das Neugeborene labt; weiß ist der Schnee, der frische, jungfräuliche Stoff, der sanft, Gänsedaunen gleich, aus dem Holle-Reich fällt.

Rot ist das Blut, das unser Leben trägt – verliert man viel Blut, dann stirbt man. Rot ist das Menstruationsblut, das die Fruchtbarkeit der Frauen anzeigt. Rot ist die Glut in der Feuerstelle, die Mitte, um die sich die Gemeinschaft sammelt. Rot ist der reife, süße Apfel. Mit rotem Blut oder Ocker (Rötel, Eisenoxidrot), das hier und da natürlich in der Erde vorkommt, wurde schon zur Zeit der Neandertaler gezaubert. Ja, das Wort Zauber geht auf das germanische Wort taubram (*altnordisch:* taufr) zurück und bedeutet Rötel. Damit wurden die in Buchenstäbe geritzten Runen gerötet, um sie lebendig zu machen. Ein Zauberer ist also jemand, der mit roter Farbe hantiert.

Schwarz, die dritte Farbe im Bund, bedeutet Ruß, erloschenes Feuer und verbrannte Erde; dunkel (und stinkend) ist der Kot und das Verwesende.

Die Höhlengemälde der Jäger und Sammlerinnen der Altsteinzeit, auch die Höhlen- und Felszeichnungen der Indianer, Aborigines und anderer Naturvölker bestehen vor allem aus diesen drei Farben. Mit Kreide wird weiß gemalt, mit Ocker rot (auch orange, gelb oder braun) und mit Ruß schwarz. Die oft kaum zugänglichen Höhlen, deren Wände vor allem mit Tiergestalten (Jagdwild) bemalt waren, wurden als Gebärmutter der Großen Göttin, der Holle, betrachtet. Die Bisons, Wildpferde, Bären, Hirsche und andere dargestellte Tiere, die in den Farben der Göttin gemalt wurden, sollten in diesem Schoß heranreifen, dann in die Welt geschickt und den Jägern zur Jagd freigegeben werden.

Sneewittchen

Immer wieder stoßen wir in den Märchen auf die Symbolik der drei Farben. Das Märchen von *Sneewittchen* fängt mit dieser Symbolik an:

Es war einmal mitten im Winter, und die Schneeflocken fielen wie Federn vom Himmel herab, da saß eine Königin an einem einsamen Fenster, das einen Rahmen von schwarzem Ebenholz hatte, und nähte. Und wie sie so nähte und nach dem Schnee aufblickte, stach sie sich mit der Nadel in den Finger, und es fielen drei Tropfen Blut in den Schnee. Und weil das Rote im weißen Schnee so schön aussah, dachte sie bei sich: »Ach hätt' ich ein Kind so weiß wie Schnee, so rot wie Blut und so schwarz wie das Holz an dem Rahmen.« Bald darauf bekam sie ein Töchterlein, dessen Haut war so weiß wie Schnee, dessen Lippen waren so rot wie Blut und dessen Haar war so schwarz wie Ebenholz. Und darum ward es Sneewittchen (Schneeweißchen) genannt. Und wie das Kind geboren war, starb die Königin.

Wie Wassilissa war Sneewittchen die Schönste im ganzen Land. Wer kennt nicht ihre Geschichte? Die eitle Stiefmutter (die Welt) vergiftet sie; der Glassarg, in den die sieben Zwerge sie legen, ist eine Variante des Glasbergs, den wir noch als Bild der Totenwelt kennenlernen werden. Wenn der Königssohn sie küsst, erwacht sie zu neuem Leben.

Das italienische Märchen, *Il Corvo,* erzählt von einem König, der ein leidenschaftlicher Jäger ist. Im Wald sieht er einen frisch getöteten Raben auf weißem Marmor liegen. Der Anblick berührt ihn tief, und er seufzt: »Hätte ich doch eine Frau, so weiß wie der Stein, mit Lippen so rot wie das Blut und wären ihre Haare so schwarz wie die Federn dieses Raben!«

Von Störchen, Schwänen und Käfern

Vor diesem Hintergrund wird verständlich, warum bei den europäischen Waldvölkern der Storch, der Schwan und auch der kleine Marienkäfer heilig waren. Sie alle tragen die drei Farben der Göttin.

Der Glück bringende Storch

Der Storch, mit seinem roten Schnabel und roten Beinen, und seinem weißen und schwarzen Gefieder, ist der Vogel der Frau Holle. Es ist ein Segen, wenn dieser Vogel, der im Einklang mit dem Atem des Jahres im Frühling erscheint und im Herbst wieder fortfliegt, sein Nest auf dem Dach eines Hauses baut. In Nordeuropa gilt er als Kinderbringer. Sein Name ist Adebar, was Glücksbringer bedeutet. Er ist es, der die Seelenkeime der Kinder – die wie kleine Frösche im Sumpf oder im Teich der Holle spielen – mit seinem Schnabel herauspickt, um sie den Müttern zu bringen. Wie jedes Geistwesen benutzt er den Schornstein, das »Windauge«, als Eingang ins Haus. Der jungen Frau, die vielleicht morgens am Herd gerade das Feuer schürt, wird es plötzlich ganz leicht, ihr ist, als würde sie von einem Engel berührt, und dann weiß sie, dass sie in froher Erwartung ist. Kinder, die sich ein Brüderchen oder Schwesterchen wünschten, sangen dem Klapperstorch auf dem Dach zu:

Storch, Storch, Steiner
Mit den langen Beiner,
Flieg wohl in des Bäckers Haus,
Hol mir en warmen Wecken heraus.

Dieser Zauberspruch, der aus Mecklenburg stammt, spricht noch die Vorstellung an, in welcher der Backofen ein Symbol des Mutterschoßes ist, und das warme frischgebackene Brot oder der Wecken ein Symbol für ein neugeborenes Kind. In Baden sangen die Kinder einen ähnlichen Vers:

Storch, Storch, guter,
Bring mir ’n Bruder
Storch, Storch, bester,
Bring mir e Schwester.

Radikale Feministinnen betrachten den Aberglauben, dass die Kinder vom Storch gebracht werden, als schlagenden Beweis für die ursprüngliche Existenz eines Matriarchats. Demnach wussten die Frühmenschen einfach noch nicht, dass Geschlechtsverkehr nicht nur Spaß macht, sondern auch zur Schwangerschaft führt. Wie Hunde oder Affen lebten sie ihre Sexualität ungezügelt und promiskuitiv aus und hatten keine Ahnung von Vaterschaft. Allein die Mutter zählte, und diese empfing die Kinder auf magische Weise von der Göttin. Diese Theorie ist natürlich – kulturanthropologisch gesehen – reiner Unsinn. Jedes Kind auf dem Bauernhof weiß, was geschieht, wenn der Stier die Kuh, der Hengst die Stute, der Rüde die Hündin oder der Bock die Ziege bespringt. Auch die alten Jäger und Sammlerinnen wussten, dass der Beischlaf das Tor für neue oder wiederkehrende Menschenwesen öffnet, oder dass auf diese Weise ein verstorbener Ahne einen neuen Körper erlangen kann. Wo aber kam die Seele her, die einmalige Persönlichkeit, die diesen Körper bewohnen würde? Sie muss wohl von der anderen Seite der Wirklichkeit kommen, aus dem Land der Ahnen, aus dem Reich der Holle.

Der göttliche Schwan

Der Schwan hat schneeweißes Gefieder, sein Höcker ist schwarz und sein Schnabel rot. Die Waldvölker Europas verehrten ihn als göttliches Tier. Er vermittelt an der Grenze zwischen Diesseits und Jenseits. Für die alten westslawischen Wenden in Pommern und Rügen war es der Schwan, der die Kinder bringt. Ihr Hauptgott, den sie um Orakel fragten, war der auf einem Schimmel reitende Schamanengott Svantewit, der Schwanenweiße.
Für die alten Heiden war das Töten eines Schwans ein schlimmeres Verbrechen als Mord. Die weiße Göttin Indiens, die holde Saraswati, die Muse der Inspiration und Intuition, hat einen Schwan als Reittier. Die keltische Brigit ist ebenfalls mit dem Schwan verbunden, wie auch die Holle. Als spinnende Bertha wird sie schwanenfüßig imaginiert. Die nordischen Seher gewahrten, an der Wurzel des Weltenbaums, im Urd-Brunnen schwimmend, ein Schwanenpaar. In Gestalt von Schwänen zeugten der antike Zeus und die Göttin Leda den Sonnengott Apollo und die Mondgöttin Artemis. Für die Indoeuropäer war der Schwan das Bild der unsterblichen Seele. Yogis fliegen in tiefster Meditation als Schwäne oder Ganter (*Sanskrit:* Hamsa) in die Götterwelt zum Weltenberg Kailash. Wenn sie sich auf dem See, unterhalb des Berges ausruhen, dann steigt die Göttin herab, liebkost sie und haucht ihnen, ehe sie wieder nach Süden in die »Welt« zurückfliegen, hohe Inspiration ein. Gott selber ist Parama-Hamsa, der höchste Schwan.

Unsere Vorfahren glaubten einst, dass Menschen, in deren Adern Elfenblut fließt, sich in Schwäne verwandeln können oder dass sie hellsichtig seien. Sie werden – wie man in den Weiten Sibiriens glaubte – zu Schamanen. Zauberer, wie der nordische Zauberschmied Wieland (*englisch:* Wayland), tragen oft Schwanengefieder, wenn sie ausfliegen. Ein alter Kinderreim aus Aachen weiß noch, dass der Schwan oder der Kranich ins Jenseits fliegen können:

Krune, Krane (Kranich), wiße Schwane,
wel met noh Engelland fahre.

Der Kranich ist, wie der Storch und der Schwan, ein Seelenvogel, der zwischen dem Reich der Holle und der diesseitigen Welt vermittelt. Und wie wir gleich sehen werden, mit Engelland ist nicht England gemeint, sondern die Anderswelt, das Land der Engel, die Welt der Holle.

Im umgekehrten Fall, also wenn Geistwesen, etwa die Musen und himmlischen Jungfrauen, uns besuchen wollen, dann erscheinen sie oft in Schwanengestalt. So auch die Walküren, die die Gefallenen küssen und von den Schlachtfeldern holen, oder auch der Schwanenritter Lohengrin, ein Gesandter höherer Welten, der in einer Schwanenbarke aus nebeligem Gewässer auftaucht. Diese Boten aus jener Welt, die nicht an irdische Zeit gebunden ist, können wahrsagen. »Mir schwant etwas«, sagen wir noch immer, wenn uns eine Ahnung befällt.

Für die Kelten war der Schwan ein Zwischenwesen wie der Morgentau, der weder aus der Erde sprudelt noch vom Himmel als Regen fällt, oder wie die Mistel, die nicht in der Erde wurzelt, sondern auf dem Baum. Der edle Vogel ist weder ein reines Landtier, noch ein Wassertier, noch ein Tier der Luft. Er ist zwar ein Vogel (Lufttier) und dennoch gleicht sein Hals einer Schlange (Erd- oder Wassertier). Mit seinem weißen Gewand gehört er der Lichtwelt an. Die Schwanenjungfrauen, deren Heimat die ätherische Elfenwelt ist, fliegen oft zu einsamen Waldteichen, wo sie vorübergehend ihr Schwanengewand ablegen, um zu baden und sich zu verjüngen. Wem es gelingt, den badenden Jungfrauen ihren Schwanenschleier samt dem goldenen Krönlein zu entwenden, der hat Macht über sie.

Die Schwanenjungfrau

So ein Diebstahl gelang einst dem Ritter Friedbert, der in der Johannisnacht – in der magischen sommerlichen Sonnwendzeit – beim Schwanenteich nahe der sächsischen Stadt Zwickau drei badende Jungfrauen überraschte und einer den Schleier nahm. Ohne ihr Kleid konnte sie nicht mit ihren Schwestern fortfliegen. Da sie, wie alle Schwanenjungfrauen, von unbeschreiblicher Schönheit war, entflammte seine Leidenschaft und er wollte sie heiraten. Ihren Schwanenschleier hielt er in einer Truhe gut versteckt. Aber wie es der Zufall will, am Hochzeitstag fand seine Mutter das reine, weiße Gewand und dachte, es würde der künftigen Schwiegertochter gut stehen. Da zog die Schwanenfrau das Gewand an und flog durch das Fenster fort.

Die Vermählung mit einer Schwanenjungfrau ist ein geläufiges Bild der künstlerischen Inspiration. Inspiration ist das freie Geschenk höherer Welten. Man kann sie nicht erzwingen. Irgendwann wird sie wieder fortfliegen.

Oft stellten die Kelten den edlen Vogel mit kleinen goldenen Kronen und goldenen Ketten dar. Im Märchen ist Gold immer ein Symbol für Weisheit und die Sonne. Apollo, der Sonnengott der Griechen, reitet einen Schwan, ebenso wie der weise Schöpfergott der Inder, Brahma.

Vom Sonnenkind zum Marienkäfer

Der schmucke kleine Marienkäfer trägt, mit seinen sieben schwarzen Punkten auf den roten Flügeln und dem Weiß vorne am Schildchen, ebenfalls die Signatur der dreifachen Urgöttin. Als Erscheinung der Frau Sonne ist er mal das Sonnenkind, das Sonnenküken, das Sonnenwürmchen oder das Sommerkalb, dem die schlesischen Kinder einst zusangen:

Sommerkalberl, flieg aus,
Flieg ins Sommerhaus,
lass die liebe Sonne raus.

Oder im Böhmerwald:

Liebes liebes Frauenkäferlein, flieg in Brunn,
Bring uns heut und morgen a recht schöne Sunn.

Nach der Bekehrung zum Christentum wurde er zum Käfer der Maria: Mutter-Gottes-Käferl, Hühnchen der Mutter-Gottes (*dänisch:* Marihöne; *englisch:* Lady Bird) Marienkälbchen, Mutter-Gottes-Kuh, Schuh der Jungfrau (*italienisch:* scarpa de la Madonna) und so weiter. Die sieben Punkte symbolisieren die sieben Tugenden der Heiligen Jungfrau. Der Marienkäfer bringt den Menschen Gaben aus der anderen Welt, auch Kinder. Er wird aufgefordert, in oder über den Tümpel oder Brunnen zu fliegen – »fliag in'n Brunn« –, wo sich die Seelen der Ungeborenen befinden. Von dort bringt er die Kinder, die er – wie der Storch oder der Schwan – durch den Rauchfang ins Bett der Mutter fallen lässt. Ein Kinderreim aus der Schweiz bezieht sich darauf:

Herrgottsmoggele, flieg auf,
Flieg mir in den Himmel nauf,
Bring a goldis Schüssla runder
Und a goldis Wickelkindla drunder.

Auch zum schamanischen Heilen wurde der Marienkäfer verwendet. Krankheiten wurden ihm angehängt und er wurde aufgefordert, diese wegzutragen in die Jenseitswelt. Man ließ den Käfer zur Fingerspitze krabbeln und dann wegfliegen. Daher rühren die noch immer bekannten Sprüche:

Maikäfer (gemeint ist der Marienkäfer) flieg,
der Vater ist im Krieg,
die Mutter ist im Pommerland (oder Pulverland,
Engelland),
Pommerland ist abgebrannt,
Maikäfer flieg.

Mit Pommerland ist nicht das geographische Pommern gemeint, sondern das Jenseits, das Land der Engel, das Elfenland. Im Plattdeutschen hieß der Zauberspruch:

Himmelkindken, fleig up,
(Himmelkind flieg nach oben,)
Fleig tom haugen Heamel rup.
(flieg in den hohen Himmel hinauf.)

In England sang man:

Lady bug, lady bug, fly away home,
(Frauenkäfer ... flieg nach Hause,)
your house is on fire
(dein Haus brennt)
and your children are gone.
(und deine Kinder sind fort.)

Und in Frankreich:

Vole au ciel, ton père te demande!
(Flieg in den Himmel, dein Vater ruft dich!)

Die Göttin der Tiere und Pflanzen

Die paläolithische Göttin, die wir als Frau Holle und die Balten als Zemyna oder Zemes Mate kennen, war fast allen Urvölkern ein Begriff. Wenn mein guter Freund und Lehrer, der Cheyenne-Medizinmann Bill Tallbull Heilpflanzen sammelte, wendete er sich zuallererst an Esceheman, die er »unsere Großmutter« nannte und deren Reich unter den Wurzeln anfängt. Er befreite den Boden von Gras und Kräutern, bestrich seinen Körper mit Erde, ehe er sich in Trance versetzte und mit ihr kommunizierte. Sie hütet nämlich nicht nur die Seelen der Tiere, sie hütet auch die Seelen der Pflanzen. Höhlen, Seen, Wasserfälle und auch die blanke Erde sind Zugänge zu ihrem unterirdischen Reich. Diese Großmutter, die nie stirbt, verjüngt sich immer wieder. Sie besitzt einen Topf (Kessel) mit Büffelfleisch und Mais, der nie leer wird. Der Bär und der Dachs sind ihr besonders heilig, denn sie verbringen den Winter in ihrem unterirdischen Reich.

Seit der Altsteinzeit kannten die Jäger- und Sammlervölker diese Göttin der Tiere und Pflanzen. Unter vielen Namen und vielen Aspekten wurde sie verehrt. Sie ist es, die das Wild hinausschickt, damit die Menschen, etwas zu essen jagen können, damit sie warme Felle zum Anziehen haben, Leder für die Zeltplanen und Knochen, Hörner und Hufe zur Werkzeugherstellung. Das ist ihr Geschenk an die Menschen, und die Menschen sollten dafür dankbar sein. Wenn sie nicht dankbar sind, die Tiere morden und das Fleisch verschwenden, wird sie böse.

Sedna die Frau Holle der Inuit

Die Inuit im eisigen Norden, jenes Volk, welches Algonkin-Indianer Eskimos (Rohfleischfresser) nennen, kannten die Urgöttin unter dem Namen Sedna[2]. Sie lebte aber nicht tief unter der Erde, sondern auf dem Meeresgrund. Auch wenn sie gelegentlich in jugendlicher Gestalt als »die immer brunftige«, immer zum Kopulieren bereite Frau imaginiert wurde, erscheint sie meistens als eine struppige Alte, mit lederiger Haut, wirrem, verfilztem Haar und langen Zähnen. Sie ist die Herrin der Tiere, die die Meeressäuger – die Wale, Seehunde und Walrosse –, ohne die die Inuit nicht überleben könnten, nach oben schickt und freigibt. Wenn aber die Jäger zu viele Tabus brechen, dann wächst ihr Groll und sie hält die Tiere zurück. Wenn das der Fall ist, müssen die Menschen hungern. Dann ist es Zeit eine gemeinschaftliche Séance zu veranstalten und einen Angakoq, einen Schamanen, zu ihr zu schicken.

Wie ein Angakoq Sedna gnädig stimmt

Der Weg, den dieser Schamane zu gehen hat, ist ein schwieriger. Es ist nämlich nicht einfach, in diese Welten einzutauchen und wieder zurück in den Körper zu kommen. Er verlässt die Oberflächenwelt, trommelt und singt, und taucht durch ein Atemloch der Robben hinab, reist durch die Totenwelt und an gefährlichen Eisbärdämonen vorbei, bis er an ihre von bissigen Seehunden bewachte Hütte aus Walfischknochen gelangt, in der die Göttin haust. Dort sitzt sie neben dem großen Kessel, aus dem einst alle Tiere hervorgingen. Vorsichtig nähert er sich der griesgrämigen Alten, deren Unterleib ein Fischschwanz ist und in deren wirren Haaren Tang, Muscheln, Dreck und Ungeziefer hängen. Seinen Gruß erwidert sie nicht. Der Dreck und das Ungeziefer sind nämlich nichts anderes als die Vergehen und bösen Taten der Eskimos. Sie ist verstimmt. Vorsichtig holt der Schamane Kamm und Bürste aus seiner Tasche und fragt freundlich: »Liebes Mütterchen, darf ich dein Haar kämmen?«

»Geh weg. Ich mag euch Menschen nicht«, faucht sie ihn mit schäumendem Maul an.

»Ach bitte, Mütterchen, deine Haare sind verfilzt und voller Unrat, ich werde sie dir schön kämmen!«

Sorgfältig und sanft geht er ans Werk und langsam wird sie freundlicher. Irgendwann flüstert er ihr ins Ohr: »Mütterchen, wir haben Hunger, uns geht es nicht gut. Könntest du uns nicht ein paar Seehunde schicken?«

»Nein, das werde ich nicht! Ihr habt zu viel Böses getan und ein Tabu nach dem anderen gebrochen. Ihr verdient das nicht. Mögen der Vielfraß, der Eisbär, der Wolf und der weiße Polarfuchs euch fressen!«

In diesem Fall ist nichts zu machen. Der Schamane muss sich wieder nach oben begeben, wo die ganze Gemeinde versammelt ist, und fragen: »Ist hier jemand, der ein Tabu gebrochen hat? Bitte sagt es, sonst müssen wir alle verhungern.«

»Ja«, gesteht da eine Frau: »Als ich schwanger war, habe ich dies und jenes, was verboten ist, gegessen. Es tut mir leid.«

Ein anderer wiederum gesteht: »Ich habe von dem Tier, das ich erlegt hatte, den Seevögeln nicht ein Stückchen Leber geopfert. Es tut mir leid.«

Nach diesen Beichten tauchte der Schamane wieder hinab. »Denen, die sich Vergehen schuldig machten, tut es wirklich leid«, verkündete er der Alten, während er sie weiterkämmt. Aber sie bleibt unfreundlich: »Stürme werde ich euch schicken, die Scholle unter euren Füßen wegbrechen lassen. Vieles verschweigt ihr mir noch!«

Wieder muss der Angakoq zu den versammelten Menschen zurück. Er fleht sie an: »Bitte verschweigt nichts. Sagt, was ihr heimlich getan habt. Es geht um unser Überleben. Noch ist Sedna nicht bereit, die Tierseelen in Fleisch zu kleiden und in die Welt zu schicken.«

Einige der Anwesenden schlucken verlegen und schämen sich. Doch endlich hat auch der Letzte sein dunkles Geheimnis offenbart und bereut. Nachdem die geistige Atmosphäre auf diese Weise gereinigt wurde, macht sich der Schamane abermals auf in die Tiefe. Diesmal gibt sich die Alte zufrieden und sagt: »Da drüben, auf der Scholle beim Felsen gegen Osten, da werden Seehunde zu finden sein.«

Erstaunlich ist, dass sich die Seehunde – oder andere Tiere – dann tatsächlich an dem, von dem Schamanen angegebenen Ort befinden. Die schamanische Séance hat also nicht nur eine psychologische Wirkung, indem sie den sozialen Frieden gewährleistet, sondern hilft auch beim Überleben in der arktischen Eiswüste.

Hüterin der Samen und Kinderseelen

Die alte Göttin Frau Holle hütet nicht nur die Samen, die im Frühling keimen, sie schickt nicht nur die Tierseelen nach oben, wo sie Fleisch und Blut und Knochen annehmen, sondern sie schickt auch die Menschenseelen in neue Verkörperungen. Sie nimmt die Toten in ihrem Schoß auf und schickt sie schließlich als Kinder wieder ins Leben zurück. Die ganze Natur ist ein immerwährender Kreislauf, warum soll es bei den Menschen und Tieren anders sein? Sie werden geboren, leben, sterben und kommen wieder. In dem Märchen *Frau Holle* verliert das Mädchen den Lebensfaden, stürzt in den tiefen Brunnen und nachdem es eine Weile im jenseitigen lichten, grünen Land verbracht hat, wird es im Diesseits wiedergeboren.

Sogar unsere Sprache legt Zeugnis davon ab, dass unsere heidnischen Vorfahren so dachten. Das Wort Enkel etwa kommt von Ano (*althochdeutsch:* Ahne) und der Verkleinerungsform *-ken* (*für* -chen). Im Enkel steckt also das Ähnchen, der kleine Ahne, der wiedergeboren wird. Irgendwann, nachdem der Verstorbene die Ahnenwelt durchwandert und die notwendigen Arbeiten verrichtet hat, wird er als kleines Kindlein, meistens in die eigene Sippe, wieder hineingeboren. Hebammen, die hellsichtig waren, haben die Wiedergeborenen erkannt, und konnten ihnen daher ihr Schicksal voraussagen und sie sogar bei ihren alten Namen nennen.

Orte der Kinderempfängnis

Neugeborene kommen aus der Anderswelt, aus der Welt der Ahnengeister, aus dem Reich der Holle, deren Zugang besondere Tümpel, Quellen, Brunnen, Höhlen oder Felsen sind. Diese Orte sind wie Sammelbecken, in denen sich Kinderseelen tummeln, die darauf warten, wiedergeboren zu werden. Frauen, die sich Kinder wünschen, aber keine bekommen, denen weder ein Besuch des Storchs, noch des Schwans Segen brachte, pilgerten zu diesen Orten, um schwanger zu werden. Berühmt dafür ist der Titisee im Schwarzwald, in dem Frauen badeten, um Kinder zu bekommen. Titti (*oder* Ditti), ist alemannisch und bedeutet kleines Kind oder Wickelkind. Im ganzen alemannischen Siedlungsraum gibt es solche Tittitannen oder Tittibrunnen.

Der Kunibertspütz in der Kirche St. Kunibert in Köln ist ein weiterer bekannter Kinderbrunnen. Es heißt, Maria hütet auf dem Grund des Brunnens die ungeborenen Kinder und, wenn eine unfruchtbare Frau in einer Vollmondnacht kommt und von dem Wasser trinkt, wird ihr Wunsch erfüllt werden. Köln war – das sollte erwähnt werden – in keltischen Zeiten ein Mittelpunkt der Verehrung der dreifachen Matrone.

Seit alten Zeiten bekannt ist der Frau-Holle-Teich auf dem Hohen Meißner in Nordhessen. Noch immer opfern Frauen Blumen, Obst und Kuchen und baden in dem Wasser, um fruchtbar zu werden.

Manchmal sind die Orte, an denen sich Frauen von der Ahnfrau die Kinderseelen übergeben ließen, Findlinge, Menhire oder Löcher im Fels. Ein Beispiel ist die Verenaschlucht im Jura bei Solothurn. Trotz eines frommen Einsiedlers, den die Kirche bis vor Kurzem dort wachen ließ, kommen noch immer hunderte Frauen, die Blumen und Kerzen opfern, sich heimlich entkleiden, um im Bach zu baden und schließlich eine Kinderseele aus dem Vrenelis-Loch im Felsen zu empfangen.

Magische Felsen und Brunnen, die mit der Ahnengöttin verbinden, gibt es viele. Seit jeher hat man sie vor den Augen des Klerus geheim gehalten. Und auch heute will man den neugierigen Wissenschaftlern, die sowieso nicht daran glauben können, eigentlich nicht von ihnen erzählen. Und dennoch ist es meine Erfahrung, dass es sich um mehr als Aberglaube handelt. In Varanasi in Indien zum Beispiel gibt es den Lolarka-Brunnen, über dem die Sonne einst still stand und in dessen feuchten Tiefen die ungeborenen Kinder warten. Auch unsere Vorfahren kannten Orte oder Zeiträume in denen die Sonne innehielt, wie etwa in den zwölf Tagen der Sommer- oder der Wintersonnenwende. Damit wird ein Bruch im normalen Fluss der Zeit angedeutet, ein magischer Moment, in dem das Ungewöhnliche, das ansonsten Unmögliche geschehen kann. Paare, denen der Kindersegen bisher verwehrt blieb, steigen die 35 steilen Stufen in die Tiefe des Lolarka-Brunnens hinab, und legen ihre Kleider ab. Die Frau zertrümmert außerdem ihre gläsernen Armreife. Als Opfer bringt sie ihre Lieblingsfrucht dar – oft ist es eine Melone, eine Frucht so prall, wie der Bauch einer Schwangeren. Sie schwört, ihre Lieblingsfrucht nie wieder zu essen – denn um etwas zu empfangen, muss man auch etwas geben können. Wenn einem Paar auf diese Weise ein Kind geschenkt wurde, dann ist es verpflichtet, ein Jahr später im August, an dem Tag, an dem die Sonne stillstand, das Kindlein zu bringen und ihm die Haare, bis auf einen Zipfel, abrasieren zu lassen. Das Kinderhaar ist ein Opfer an die Geistwesen. Ich habe den Ort im August besucht. Die Barbiere hatten alle Hände voll zu tun. Ganze Berge von Babyhaaren lagen da – so viele Kinder wurden in dem Jahr aus dem Brunnen geholt.

Die spinnenden Göttinnen

»Als Adam grub und Eva spann, wo war denn da der Edelmann?« – diesen Vers sangen die Menschen zur Zeit des Bauernaufstands im 16. Jahrhundert. Dass das Spinnen seit Urbeginn der Kultur weibliche Domäne war, wird weitgehend in der Kulturanthropologie bestätigt. Pflanzenfasern, wie die Brennnessel, wurden ursprünglich zwischen den Händen oder auf dem Oberschenkel gedrillt, um Schnüre und Stricke herzustellen. Irgendwann kamen Wirtel und

Spindel dazu, die, von Hand in Bewegung gesetzt, dem Faden die nötige Drehung geben, während die andere Hand die Pflanzenfasern oder Wolle vom Rockenstab (Spinnrocken, Kunkelstab) zupft. Der Spinnrocken wurde zum Zepter der Hausherrin, wie auch der Großen Göttin. Die Skandinavier sahen die Göttermutter Frigga oder Freya im nächtlichen Sternbild Orion am Spinnrocken sitzen.

Die Schicksalsfrauen Urd, Werdandi und Skuld

Auch die drei Urgöttinnen der nordischen Mythologie, die Nornen, sind Spinnerinnen. Sie sitzen unter den Wurzeln des Weltenbaums, am Rande des Urd-Brunnens, in dem ein Schwanenpaar schwimmt, und spinnen das Schicksal aller Wesen, der Menschen, aber auch der Zwerge, der Riesen und der Götter.

Die drei Schicksalsfrauen, Aspekte der *einen* Göttin, heißen Urd, Werdandi und Skuld. Urd stellt den unergründlichen Ursprung aller Dinge dar; nicht einmal der Schamanengott Odin kann diese Tiefe ergründen. Werdandi ist das im Werden Begriffene, das Hervorquellende, das aus dem Urgrund unerwartet in Erscheinung Tretende. Ihr angelsächsischer Name ist Wyrd – noch immer rufen die Engländer den Namen dieser Göttin aus, wenn etwas Unvorstellbares oder Unvorhergesehenes geschieht: »*That's weird!*« Skuld, die Dritte im Bunde, spinnt ins Dasein, das was unbedingt getan werden soll, also das, was die Geschöpfe der Zukunft schulden. Ihr

Name bedeutet nicht Schuld im christlichen Sinne, sondern eher Sollen.

Die Fasern, aus denen sie das Schicksal der Wesen spinnen, bestehen aus deren Gedanken, Wünschen und alten Taten, die diese hervorgebracht haben. Daraus spinnen sie die Lebensfäden. Aus diesem Garn wird der Teppich der Wirklichkeit gewoben, in dem sich die Wesen dann befinden. Wie wir im Märchen Frau Holle erfahren haben, wird jedem Menschen auf diese Weise sein Schicksal von Geburt an zugeteilt. Die Germanen sagten, wenn Glück oder Unglück sie ereilte, »das wob mir das Schicksal«. Das klingt zwar zunächst fatalistisch, doch ist der Mensch frei zu entscheiden, wie er mit seinem Schicksal umgeht und was er daraus macht.

Die drei Schicksalsfrauen erschienen – oft in Gestalt der Hebamme, der Muhme oder weisen Frau – bei der Geburt eines Kindes, um ihm sein Lebensalter und Geschick zu verkünden. Zwei verkünden die günstigen Begabungen, die dritte aber das ungünstige Schicksal. Bei den südslawischen Mazedoniern erscheinen eine weiße, eine rote und eine schwarze Schicksalsfrau an der Wiege; die Schwarze verkündet das schwere Schicksal. Manchmal sind es auch sieben, neun, oder – wie bei *Dornröschen* – zwölf Feen, wobei eine dreizehnte, die nicht geladen wurde, dem Mädchen verkündet, es würde an seinem 15. Geburtstag durch den Stich einer Spindel sterben. Der König lässt daraufhin alle Spindeln im Königreich vernichten, dennoch findet die Königstochter an ihrem Geburtstag im Turmgemach eine Spindel, fängt an zu spinnen und der Spruch der dreizehnten Fee geht in Erfüllung: Dornröschen fällt in einen hundertjährigen Schlaf.

Das Turmgemach könnte ein Symbol für unser Oberstübchen sein, unser Gehirn, das ununterbrochen Gedanken spinnt, das uns einspinnt in ein Gedankengebilde, wie in einen Kokon, der uns allzu oft von der Wahrnehmung des göttlichen Urgrunds abtrennt.

Spinnende Frauen und die Macht des Schicksals

Die Herstellung von Kleidung, das Garnspinnen, Färben, Stricken, Nähen, Hanf und Flachs anbauen, Brennnesseln sammeln, Hecheln und Weben war Frauensache, und die Spinnstube (Rockenstube, Kunkelstube) war Frauendomäne. In den dunklen Wintertagen, wenn die Arbeit draußen ruhte, versammelten sich die Frauen in der Stube bei Öl- oder Kienspanlicht, tauschten Frauengeheimnisse aus, lernten Weiberzauber, sangen Lieder und erzählten Märchen und Geschichten, die meist nicht für die Ohren der Pfaffen und der Obrigkeit geeignet waren. Manchmal durften zur fortgeschrittenen Stunde auch die Burschen die Stube besuchen, da wurde geneckt und viel gelacht. Auch der Teufel – so erzählte man sich – kam gerne in die Rockenstube.

Beim Spinnen, Stricken, Weben und Nähen spannen die Frauen auch das Schicksal der Männer und des Hofes. Jeder Dreh der Spindel, jeder Stich der Nadel wurde von Gedanken und Wünschen begleitet. Es wurden Gedanken der Liebe, Hoffnungen und des Segens in das Garn und in das Tuch gewirkt. Karl Philipp Moritz, ein Frühromantiker und Zeitgenosse Goethes, schrieb: »Es bedarf nur der Berührung der Fingerspitzen ... um den Dingen ihren Weg zu bahnen ... Es ist die leichteste Arbeit von weiblichen Händen, wodurch der geheimnisvolle Umlauf der Dinge gelenkt wird.« Der weise Friedrich Schiller befand in seinem Gedicht über *Die Würde der Frauen:*

Ehret die Frauen! Sie flechten und weben
Himmlische Rosen ins irdische Leben.

Die jungen Frauen spannen und woben die Leinentücher, die dann Teil ihrer Aussteuer wurden. Wie geschickt ein Mädchen dabei war, galt als Spiegel ihres Charakters. Ihr Schicksal hing auch davon ab, ob die Schwiegermutter mit ihrer Arbeit zufrieden war oder nicht. Manchmal – wie im Märchen von Rumpelstilzchen – schien es, als könne eine junge Frau aus Stroh Gold spinnen. Aber dazu brauchte sie die Hilfe der Anderswelt. Von der wunderschönen Wassilissa heißt es, sie spinne das Garn so zart und dünn und glatt, *»dass man es wie einen Faden durch ein Nadelöhr ziehen konnte«*. Sie wob das Leinen und nähte Hemden so fein, dass der Zarensohn selber um ihre Hand bat. Es ist die Göttin selber, in der Gestalt der Percht, der Frau Holle oder der Baba Jaga, die darauf achtet, ob ein Mädchen fleißig spinnt oder nicht. Auch achteten die Göttinnen darauf, dass die Spindeln und Spinnräder während der heiligen Wintersonnwendtage ruhten. Frau Holle erscheint in mehreren Märchen in Gestalt von drei hässlichen alten Frauen: Breitlippe hat eine geschwollene Lippe,

vom wiederholten Anfeuchten der Finger; Breitdaumen hat einen dicken Daumen vom Fadenzupfen; Breitarsch hat einen dicken Hintern vom langen Sitzen.

Holunder – ein Baum mit zwei Gesichtern

Frau Holles Baum ist der Holunder – auch Holler, Eller, Elhorn (*englisch:* elder), Flieder oder, in Sachsen, Schibecke genannt. Auch der Holunder ist ein Zugang zum Reich der Holle. Wenn man unter dem Holunder meditiert – sich hinsetzt, leer und offen wird und sich nicht von allen möglichen Gedanken ablenken lässt –, dann spürt man, wie der Holunder einem die Seele nach unten in die Erde zieht. Begibt man sich unter diesem Bäumchen ins schamanische Bewusstsein, dann kommt man tatsächlich in das Holle-Reich. Es ist hell dort und plötzlich sieht man Zwerge – Frau Holle ist ja auch die Königin der Zwerge –, knarzige Gnome, elfenhafte Geister, Moosmännlein und Moosweiblein. Bei den Erlen im Sumpf gelangt man ebenfalls schnell in diese Bereiche.

Die meisten Menschen in unseren Breiten besuchen das Holle-Reich nicht mehr; ihnen ist auch das Wissen darüber fast verloren gegangen. In den letzten 2000 Jahren gab es verschiedene mächtige Schwarzmagier, Inquisitoren und engstirnige »Aufklärer«, die uns von diesen Wurzeln abgeschnitten haben. Die Geister und Elementarwesen, die diese andere Seite der Wirklichkeit bevölkern, sind es nicht mehr gewohnt, dass Menschen sie bewusst aufsuchen. Wenn es aber gelingt, das Tor zu ihnen zu finden, sind sie ganz erstaunt, dass es jemanden gibt, der sie sieht. Dann huschen sie hierhin und dorthin, und verwandeln sich ständig. Blitzschnell nehmen sie mal diese, mal jene Gestalt an. Sie fragen sich, was eine Menschenseele in ihrer magischen Welt zu suchen hat. Sie sind unseren Besuch einfach nicht mehr gewohnt.

Jetzt aber, obwohl die ahrimanische Technologie ihre Triumphe feiert, finden immer mehr Menschen den Weg in diese Dimensionen – sei es durch Meditation, das Erlernen schamanischer Techniken oder durch den nicht ganz ungefährlichen Genuss von Zauberpilzen. Man muss aber einen guten Grund haben, sich in die kühlen Tiefen der Hollewelt zu begeben, etwa um für einen Kranken Hilfe zu erbitten, um ein sich zusammenbrauendes Unheil abzuwenden oder um das richtige Heilkraut zu finden. Neugierige oder solche, die unberufen nach dem Gold der Weisheit gieren, mag – wie es das Schicksal der Pechmarie verdeutlicht – die alte Göttin nicht. Auch Baba Jaga, die slawische Frau Holle, droht: *»Ich mag es nicht, wenn zu viel gefragt wird; und die allzu Neugierigen fresse ich!«* Die Reise in die Anderswelt ist anstrengend, und man muss Acht geben, dass man dort nicht gefangen wird. Unberufenen, unreinen Seelen wird die Hollewelt zur Höllenwelt. Aber den guten Seelen ist die Frau Holle gut, und meistens schickt sie die Menschen gesegnet wieder heraus ins Diesseits.

Einige Sprachwissenschaftler bezweifeln, dass der Holunder seinen Namen von Frau Holle hat, der Herrin der Höhle und des verhohlenen Volks, den Hollen und Hollinnen. Sie erklären, Hol käme schlicht vom altindoeuropäischen kal (*für* schwarz, wie die indische Kali, die schwarze Göttin) und die Nachsilbe *-der* bedeutet Baum. Die Nachsilbe *-der* kommt auch im Wachol*der,* Flie*der,* Rüs*ter* (Ulme) oder Affol*tar* (Apfelbaum) vor; Worte wie das englische *tree* (Baum) oder Druide (der Baumweise) entspringen der selben Sprachwurzel. Der Holunder ist also, ganz prosaisch, der Baum mit schwarzen Beerenfrüchten – sagen die Etymologen. Aber vielleicht ist doch die Unterweltgöttin in ihrer schwarzen Gestalt gemeint. Denn anderswo wird das Bäumchen mit ihr in Verbindung gebracht. In Norddeutschland nennt man den Holunder Mutter Ellhorn, in England Mother Elder oder Good Mother (Gute Mutter); in Lincolnshire wird der Holunder als Old Lady (Alte Frau) oder Old Girl (Alte Göre) angesprochen. Eller oder Elder bedeutet nicht unbedingt »die Alte«, der Name könnte auch auf dem germanischen Wort **aeld (für* brennen; *angelsächsisch:* eld) beruhen, weil Holunderholz in der Steinzeit als Feuerquirl verwendet wurde, oder weil es ein Mittel gegen brennendes Fieber ist. Für die Dänen ist sie Hyldemoer – die Holundermutter.

Droge, Medizin und Nahrungsmittel

Der Hollerbusch gilt, wie die Göttin selbst, als zweischneidig: Er ist schwarz *und* weiß, giftig *und* heilend, er ist ein Baum des Todes *und* des neuen Lebens. Mit anderen Worten, er verfügt über eine umfassende, ganzheitliche Natur. Seine Früchte sind schwarz wie die Nacht, derweil seine Blüten, die zur Mittsommerzeit blühen, cremeweiß sind.

Der Holunder hat heilende Wirkung, kann aber auch giftig sein: Wenn man Holunderblätter wie Salat isst, schwitzt man, es kommt zu übermäßigem Speichelfluss und man muss heftig erbrechen – man vergiftet sich also. Andererseits galt er als des Bauern Apotheke: Ein Aufguss aus den Blüten, der sogenannte Fliedertee, wirkt entgiftend (schweißtreibend, harntreibend) und stärkt die Abwehrkräfte, besonders bei viralen Erkrankungen. Flieder ist hier übrigens der niederdeutsche Name für den Holunder und hat nichts mit dem lila blühenden Gemeinen Flieder *(Syringa vulgaris)* – ein Neophyt, der erst im 16. Jahrhundert aus Kleinasien nach Europa kam – zu tun. Die vitaminreichen, dunklen Beeren haben ebenfalls immunstärkende Wirkung. Die alteuropäischen Waldvölker verzehrten die herbstliche Holunderbeerensuppe als Kultspeise, in Vorbereitung auf die kalte, dunkle Jahreshälfte. Aus Holunderblättern und Schweinefett kochten unsere Vorfahren eine Salbe, die bei Prellungen, Quetschungen und Frostbeulen hilft.

Der unter der Außenrinde befindliche Bast des jungen Triebs wurde geschabt, aufgekocht und getrunken, um sich – zwecks Magenentleerung – zu übergeben oder Durchfall zu erzeugen. Auf diese Weise erbrach man die Krankheitsgeister oder jagte sie durch den Darm. Erbrechen erfolgt, wenn man den Trieb nach oben schabt; Durchfall, dagegen, wenn er nach unten geschabt wird. Bei Neumond soll dieser Trunk am besten wirken. Die Kelten nahmen diesen purgierenden Absud nüchtern in der Morgendämmerung zwischen Tag und Nacht zu sich, auf der Türschwelle stehend und nach Osten blickend – also im magischen Zwischenbereich, wenn alles möglich und nichts fix ist. Doch nicht nur die Kelten vertrieben die Krankheitsdämonen mit dem Holunder auf diese Weise, sondern auch die Germanen, die Slawen, die sibirischen Waldbewohner und die Indianer des amerikanischen Waldlandes. Für Ethnobotaniker ist das ein klares Indiz dafür, dass der Brauch bis in die alte Steinzeit zurückreicht und, wie so vieles andere – Schwitzhütten, Schamanentrommeln, Märchen, Jagdtechniken –, von den paläo-sibirischen Großwildjägern, den Ur-Indianern, mit nach Nordamerika gebracht wurde.

Baum des Todes und des Lebens

Der Holunder hat etwas Schweres, Erdhaftes; er zieht nach unten – auch wenn die Blüte aufgelockert, luftig, und das Holz leicht ist. Er ist ein Baum der Heilung und des Lebens, aber auch ein Totenbaum, denn die Holle ist die Mutter der Toten. Sein bleiches Holz ist hohl und mit weißem Mark gefüllt und gleicht, besonders wenn es abgestorben ist, den Gebeinen von Toten. Es gibt viele Bräuche, die in diese Richtung weisen. In Tirol wird hier und da immer noch ein Holunderzweig aufs Grab gesetzt; wenn dieser grünt, gilt das als gutes Zeichen. In den drei Nächten der Totenwache, während der die Angehörigen den Verstorbenen bei seinem Übergang in die andere Welt seelisch begleiteten, wurde oft Holunderblütentee getrunken. Im Mittelalter maß der Sargschreiner den Verstorbenen mit einer Holunderrute und der Leichenkutscher trieb die Pferde mit einer Holundergerte an. Noch immer tragen die englischen Leichenbestatter etwas Holunderholz in der Tasche, um sich vor den Totengeistern zu schützen. Die alten Friesen beerdigten ihre Toten unter dem Hofholunder. Wenn in Schottland Verstorbene ihre Familie besuchen, dann sitzen sie im Hofholunder – sie tragen dabei spitze Hüte aus Birkenrinde, um zu zeigen, dass sie keine unholden Geister sind.

Als ich in der Pfalz eine Pflanzenwanderung führte und den Holunder besprach, kam ein Bauer vorbei und sprach:

»Mensch, willst du aus dem Leben scheiden,
dann tue den Holunder schneiden.«

Selbstverständlich wäre früher niemand auf die Idee gekommen, Holunderholz im Ofen zu verbrennen. Die Einzigen, denen das erlaubt wäre, sind Witwen und Waisenkinder, denn sie sind schon vom Tod berührt worden.

Man war also seit jeher sehr vorsichtig mit diesem Baum, der Tor zur Totenwelt ist. Er ist aber im gleichen Maße ein Baum des Lebens, denn Frau Holle ist auch die Göttin der Sexualität und der Wiedergeburt. Sie schickt die Kinderseelen in die diesseitige Welt und freut sich, wenn Mann und Frau in Liebe vereint Kinder zeugen. Zur Mittsommerzeit – wenn Holunderküchlein gebacken werden, die Natur in voller Blüte steht und das Lieben leicht ist – heißt es:

Auf Johanni blüht der Holler,
da wird die Liebe noch viel toller.

Frauen, die schwanger werden wollen, sollen den Hofholunder, den Schutzbaum der Sippe, küssen. Überhaupt hat der Holunder auch einen erotischen Aspekt:

Petersilie, Suppenkraut wächst in meinem Garten
und die … (Name des Mädchens) wird die Braut,
soll nicht länger warten.
Hinter einem Hollerbusch gab sie ihrem Schatz
'nen Kuss,
Roter Wein, weißer Wein,
Morgen wird die Hochzeit sein.

Lange behält die Kinderkultur Elemente archaischer Kulturmuster bei, die die Erwachsenen längst vergessen haben. Dazu gehören Pfeil und Bogen der Jungen, Hüpfspiele der Mädchen, die ihren Ursprung in Kulttänzen haben, und auch alte Zaubersprüche, wie:

Ringel, Ringel Reihe,
wir sind der Kinder dreie,
Sitzen unterm Holunderbusch
Machen alle husch, husch, husch.

Was bedeutet das? Die Kinderseelen, die zurückkehrenden Ahnen, tanzen unter dem Holunder, der ja ein Tor zu Jenseitswelten ist.

Krankheiten

schamanisch entsorgen

Ein Aspekt des Holunders wird heute kaum mehr verstanden: Man kann Krankheiten auf ihn übertragen *(siehe Seite 140)*. Früher wurden Krankheiten nicht als organische Fehlfunktionen verstanden, und man wusste auch nichts von Ansteckung durch Bakterien oder Viren. Die äußeren Symptome sind das Werk unsichtbarer Unholde, die im Körper an der Lebenskraft saugen. Es handelte sich um Gichter und Gichtinnen (*vom althochdeutschen* gijith, »durch Besprechung und Behexung angezaubertes Siechtum«), magische Pfeile, abgeschossen von boshaften, neidischen Zauberern oder Elfen, oder, wie Paracelsus sagte, »*Würmlein klein, ohne Haut und Bein, ohne Körper und Substanz*«, also Krankheitsgeister in Wurmgestalt. Um diese Wesen im Körper des Leidenden aufzuspüren, begab sich die Lachsnerin (schamanische Heilerin), die weise Frau, oder der Lachsner in Trance. Mittels Sprüchen und Zaubergesang, Räucherung – oft mit Beifuß – und Anwendung von Machtpflanzen versuchte sie die »Würmer« herauszulocken und in Bann zu schlagen. (Die Indianer benutzten bekanntlich Tabakrauch, um die Krankheitsgeister zu vertreiben.) Da es sich nicht um grobstoffliche Würmer handelt, sondern um Geistwesen, können sie nicht physisch getötet werden. Was macht man also mit ihnen? Die Germanen entsorgten sie, indem sie ein Loch in einen Baum bohrten und sie einkeilten. Fichten und Weiden eignen sich dazu. Außerdem war der richtige Spruch notwendig, etwa:

Guten Morgen, liebe Fichte
Ich bring dir alle meine Gichte,
Alle Vögel, die darüber fliechen
Sollen die Gichten mit sich ziechen.

Man konnte die Bösewichte auch auf ein Schifflein setzen, den Bach heruntertreiben lassen und ihnen eine gute Reise auf Nimmerwiedersehen wünschen. Oder man konnte sie auf einen Pfeil bannen und diesen dann ins Nimmer-Nimmer-Land abschießen. Am besten jedoch war es, die Krankheiten an den Hofholunder zu hängen, denn sie würden nach unten fahren und im Kochtopf der Großmutter des Teufels landen, sich dort auflösen und recycled werden, wie man heute sagen würde.

Der Teufel und seine Grossmutter

Wer ist nun aber des Teufels Großmutter? Keine andere als Frau Holle! Als die Mönche den neuen Glauben brachten, mutierte die alte Göttin zur Großmutter des alten Bocks. Jetzt wurde ihre negative Seite in den Vordergrund gerückt und ihre gütige Natur geriet beinahe in Vergessenheit.

Wir wissen, dass der Teufel, oder besser gesagt, die Teufel, die im Mittelalter herumspukten, nichts gemeinsam haben mit Luzifer oder Satan, so wie wir ihn heute verstehen. Was vor der Christianisierung mit Hörnern auf dem Kopf und Pferdehuf durch Wald und Flur sprang und die Menschen erschreckte, waren die alten Naturgeister. Satan, der schreckliche Herr der Finsternis und Verkörperung des Bösen, ist ein intellektuelles Konstrukt der späteren kirchlichen Theologie.

Die Idee eines Satans als einer Art Gegengott, geht auf den persischen Propheten Zarathustra zurück. Er hatte eine Vision, wie mit der verwirrenden Vielgötterwelt aufgeräumt werden könnte, um die Dinge stark zu vereinfachen. Er teilte das Universum in Gut und Böse auf, in Licht und Finsternis, und machte die alten Götter, die Devas der indoeuropäischen Arier, zu Dämonen und Teufeln. Unter Führung des zerstörerischen, bösen Gegengottes Ahriman lehnen sich diese gefallenen Geister gegen den guten Schöpfergott Ormuzd und seine Engel auf. Nach dieser Lehre war die Schöpfung am Anfang gut, wurde aber durch den Widersacher verdorben. Dieses fast schizophrene, dualistische Szenario – hier sehr vereinfacht dargestellt – ist uns allen bekannt, denn es wurde fester Bestandteil des jüdischen Glaubens, des Christentums und schließlich des Islam. Diese monotheistischen Religionen stellen den Menschen zwischen die beiden Pole. Er muss entscheiden, wem er dienen will, dem Guten oder dem Bösen. Wegen Evas Schwäche und Adams Biss in den verbotenen Apfel geriet der Mensch in diese missliche Lage. Allein der wahre Glaube kann ihn retten. Zuletzt, am Ende der Zeit, wird die verdorbene Welt untergehen; Satan und seine Knechte, die ihre Sünden nicht bereuen, werden in den tiefsten Abgrund gestürzt. Dieses tolle Drama ist eine kulturelle Konstruktion, die unsere heidnischen Vorfahren ebenso wenig kannten, wie die Naturvölker und die Hindus und Buddhisten von heute.
Die alteuropäischen Götter und Naturgeister waren weder nur gut noch nur böse. Sie waren beides, wie etwa das Feuer, das uns wärmen und unser Essen garen, zugleich aber auch Haus und Hof vernichten kann. Oder der Hund, der brav die Herde hüten, doch plötzlich auch gefährlich zubeißen kann. Und natürlich wie Frau

Holle, die mal als furchterregender Drache erscheint und mal als freundlich strahlende, hilfsbereite junge Frau.

Verteufelte Naturgeister

Bei unseren Vorfahren, den Jägern und Sammlern, wie auch bei den meisten Naturvölkern, gehören das Männliche und das Weibliche zusammen, so wie Tag und Nacht oder Regen und Sonnenschein. Eine Welt mit Alleinanspruch, in der es nur einen einzigen männlichen Gott – wie Allah oder Jehova – gibt, oder nur die eine, alles umfassende Matriarchin, konnten und können sie sich nicht vorstellen. Die Erdmutter hat den himmlischen Blitzschleuderer als Gatten; Shiva ist ohne Parvati nicht denkbar; Freyr und Freya sind Zwillinge; Isis und Osiris verbindet die heilige Hochzeit. In ähnlicher Weise ist die Höhlengöttin der Altsteinzeit, die Herrin der Tiere – eben Frau Holle – mit einem paläolithischen hörner- oder geweihtragenden Gott verbunden. Dieser steigt in die Höhle, in ihre Gebärmutter, und schwängert sie. In den Tiefen der dunklen Höhle reifen dann die Tiere heran, von denen das Überleben der Wildbeuter abhängig ist. Frau Holle ist es auch, die sie dann in die Außenwelt entlässt.

Anthropologen wie Hans Peter Duerr vermuten, dass es der in den Felszeichnungen und auf Knochengravierungen dargestellte steinzeitliche Schamane selber war, der in die Rolle dieses Buhlen schlüpfte und tief in der Höhle die Göttin rituell befruchtete. Die aus dem oberen Jungpaläolithikum (18 000–12 000 v. Chr.) stammenden Abbildungen von tanzenden, in Felle gehüllte, geweihtragenden Schamanen und männlichen Mischwesen mit erigierten

Gliedern scheinen dies darzustellen. Solche Darstellungen fand man etwa in den Höhlen von Teyjat und Roc de Saint-Cirq (beide in der Dordogne) und in der Drei-Brüder-Höhle in den Pyrenäen. Bei den Waldvölkern Europas lebte die Vorstellung von dem altsteinzeitlichen, gehörnten Herrn der Tiere im keltischen Cernunnos und verschiedenen Hirschgöttern weiter, auch im nordischen Weihnachtsmann, der in den Winterweihenächten mit einem von Hirschen oder Rentieren gezogenen Schlitten daherkommt. Auch Donar (Thor), der donnernd mit seinem Blitzkeil die Erdgöttin befruchtet, fährt auf einem Wagen, der von Böcken gezogen wird. Die mit den Horntieren verbundenen alteuropäischen Naturgötter trugen zum mittelalterlichen Bild des Teufels bei. Die ätherischen Wesen der Anderswelt, die Trolle, Nixen, Zwerge und Kobolde, die plumpen, ungestümen Riesen und die oft tückischen Elfen, wurden zu Teufeln umfunktioniert. Auch die Ziegenböcke Donars wurden später zu Tieren des Teufels umgedeutet. Das Bild wurde ergänzt durch Erscheinungen aus dem Orient, wie dem geilen bocksfüßigen Pan, dem wilden Shiva, der mit einem Dreizack in der Hand im Feuer tanzt, oder dem, wegen seines Hochmutes aus dem Himmel verstoßenen, gefallenen Engel Luzifer.

Fast alle heiligen Tiere der Schamanen wurden dämonisiert: schwarze Hunde, Wölfe, Raben, Eichhörnchen, die Elster, der Kuckuck, die Schlange. Aus Hexensagen wissen wir, dass ein stinkender, schwarzer Ziegenbock den Bösen selber verkörpert. Die Theologen fantasierten, dass nachtfahrende Hexen sich in der Walpurgisnacht auf einsamen Bergen, wie dem Blocksberg, also dem Brocken im Harz, trafen und den Bock anbeteten, seinen Hintern küssten und mit ihm koitierten.

Die Sau, Symbol der Fruchtbarkeit und der Lebensfreude, war einst der Erdgöttin heilig, und wurde als Hexenreittier verflucht. »Sau« war nicht nur die Ehrenbezeichnung der keltischen Ceridwen, sondern auch der Freya. Der Kuckuck, der Herold, der im Mai die Menschen und Tiere zum Hochzeitsfest der Blumengöttin lud, wurde zum Teufelsvogel. Ebenso erging es schwarzen Katzen, Kröten, Fröschen, Mäusen und Spinnen – sie alle wurden von einer naturfeindlichen, ursprünglich innerhalb von Klosterzellen und Stadtmauern ersonnenen Weltanschauung verteufelt und zu Feinden der frommen Seelen erklärt.

Die gewöhnlichen Teufel stinken bestialisch und haben immer noch Schwänze, Haar, Hörner, gespaltene Hufe oder Pferdefüße – dabei war das Pferd für Kelten, Germanen und Slawen besonders heilig; oft war ein Schimmel das Reittier des Schamanengottes und weissagende, heilige Pferde wurden in heiligen Hainen gehalten.

All diese gehörnten, haarigen, verhärmten, dürren, ledrigen, polternden Gesellen, die da unsichtbar im wilden Ödland, in den dunklen Wäldern und Schluchten hausen, verkörpern die Wirkkräfte in der Natur. Sie sind die verborgenen, hinter den äußeren Erscheinungen schaffenden Gewalten, die hellsichtig wahrgenommen werden können. Sie gestalten Landschaften, indem sie Felsen brechen, Steine schleudern, Schluchten graben und die Erde beben lassen. Sie fauchen im Sturm, reißen Bäume aus, bringen Fröste und Hagel und fahren in Nebelschwaden über den Berg. Manchmal lauern sie den Menschen auf und versuchen sie besessen zu machen. Aber sie kennen auch die Heilkraft der Pflanzen, wissen, wo Schätze verborgen liegen, und wenn sie mal keinen Schabernack treiben, helfen sie gelegentlich den Bauern, den Hirten oder

Kräuterweibern. Schamanen und weise Frauen – die Rivalen der Missionare – wussten, wie man mit ihnen umgeht. Oft dienten sie ihnen als Hilfsgeister.

Die neue Religion aus dem Nahen Osten, mit ihrem Gut-Böse-Dualismus, stellte diese Wesen kategorisch auf die Seite des Bösen. Christliche Heilige vertrieben sie mit Glockengeläut, Gebet und Weihwasser, oder sie zwangen sie – dank der Macht ihres Glaubens – zu schwerer Fronarbeit. Für gnadenlose, ehrgeizige Bischöfe mussten diese wilden Gesellen Steine und Balken zum Bau von Brücken oder Kathedralen schleppen. Ihr Lohn bestand darin, dass sie die erste Seele versprochen bekamen, welche die neu errichtete Kirche betreten oder Brücke überqueren würde. Aber immer wurden die armen Teufel überlistet, indem man zuerst einen Bock, ein schwarzes Huhn oder einen Hund über die Schwelle oder über die Brücke trieb.

Als Krampus, Knecht Ruprecht, Schmutzli (Schweiz), der swarte Piet (Holland), Old Nick (England), Bullerklas (Norddeutschland) oder als der schwarze Ritter Hans Trapp (Elsass) muss ein gebändigter Teufel, ein ehemaliger Diener der Holle, den heiligen Nikolaus begleiten und ihm dienen. Während der gütige Heilige die Kinder belohnt, fällt dem ungehobelten, rußgeschwärzten Kerl die Aufgabe zu, sie zu bestrafen.

Der Teufel und der gewitzte Bauer

Es war einmal ein Bauer, der gerade seinen Rübenacker bestellte. Da kam der Leibhaftige daher und sagte: »Mir gehört die Hälfte der Welt. Deswegen bekomme ich die Hälfte der Ernte.«

»Gut«, sagte der Bauer, »ich nehme, was unter dem Boden wächst, und du kriegst, was über dem Boden wächst.«

Der Teufel war einverstanden. Als im Herbst Erntezeit war, holte sich der Bauer die dicken Rüben und der arme Teufel bekam das vergilbte, wertlose Kraut.

»Das nächste Mal nehme ich das Untere, und du bekommst, was oben wächst!«, schimpfte der Teufel. Der schlaue Bauer säte diesmal Weizen und Gerste. Als es Zeit war zu ernten, bekam der Teufel nur die Stoppeln, die er in seinem Höllenofen verfeuerte.

Dies ist eine typische Geschichte vom geprellten Teufel. Tatsächlich gelingt es diesen Naturgeistern eher selten, sich der Seele eines Menschen zu bemächtigen. In abgelegenen Bergtälern trifft man jedoch ab und zu dürre, buckelige Gesellen mit verzerrten Gesichtszügen, die ständig unzufrieden oder schadenfroh sind, und von denen die Einheimischen wissen, dass ein Berggeist in sie gefahren ist. Mit Klauen, Hörnern, Schnäbeln, Schwänzen, Krallen,

Pferdehufen oder Fledermausflügeln sind diese armen, oft eigenbrötlerischen Menschen zwar nicht ausgestattet, wenigstens nicht äußerlich, aber oft haben sie besondere Gaben: Nicht selten heißt es, man könne sie anheuern, um einem unliebsamen Nachbarn Schadenzauber zuzufügen. Oder sie können verborgene Quellen »schmecken«, Wolken schieben, kennen aber auch den Spruch, der einer kranken Kuh die Milch wieder ins Euter zaubert, oder das Kraut, das jemanden von einer quälenden Krankheit befreien kann. Ein Teufel muss aber nicht immer krumm und hässlich aussehen, er kann auch als fescher Kavalier erscheinen, als wilder Jäger mit blitzenden, schwarzen Augen, als der grüne Junker oder fein gekleideter Gentleman. Gern macht er unschuldigen Mädchen – besonders Bauernmädchen – den Hof. Eine von vielen ähnlichen Geschichten erzählt Folgendes:

Rendezvous mit dem Teufel

Einst kam ein kecker Kavalier des Weges, am Hut eine wippende Hahnenfeder. Da sah er ein unschuldiges Bauernmädchen, das auf der Wiese Heu rechte.

»Hallo, du Schöne!«, rief er und warf ihr dabei einen Blick zu, der sie beinahe schwindelig machte.

Er lächelte, und mit einem Augenzwinkern sagte er: »Treffen wir uns heute Abend bei Sonnenuntergang, hier am Waldrand.«

Irgendwie wehrlos antwortete sie: »O ja!«, denn sowas hatte sie noch nie erlebt.

Als sie nach Hause kam, bemerkte die Großmutter, dass mit dem Mädel etwas nicht stimmte. »Ich nähe ihr lieber etwas Dost und Quendel in den Rocksaum!«, dachte sie sich, und während sich das Mädchen, staubig vom Heumachen, wusch, machte sich die Großmutter heimlich ans Werk.

Spät am Abend erschien das Mädchen zum Stelldichein. Der Kavalier im schicken Rock wartete schon. Als sie sich näherte und er riechen konnte, dass sie heilige Kräuter bei sich trug, stieß er einen gellenden Schrei aus:

»Quendel und roter Dost, hätt ich das gewosst,
hätt ich das vernommen, wär ich nicht gekommen!«

Fürchterlich fluchte er, stampfte mit seinem Pferdehuf und löste sich in einer nach Schwefel stinkenden Rauchwolke auf.

Den Tabak hat der Teufel gebracht

Ein Teufel, der sich von Duftkräutern wie Dost und Quendel vertreiben lässt, oder flieht, wenn ein Martin Luther ihm ein Tintenfass an den Kopf wirft, ist bestimmt nicht der Satan, der mächtige Fürst der Welt. Solchen Teufeln fehlt auch die Intelligenz eines Luzifer, denn sie sind leicht zu betrügen, wie etwa der arme Teufel, dem wir den Tabak zu verdanken haben.

Dass der Tabak nicht von den Engeln gebracht wurde, wissen wir inzwischen, da braucht man nur die Warnung des Gesundheitsministeriums auf den Schachteln zu lesen. Wenn man die kleinen, oft fröstelnden Grüppchen sieht, die draußen vor den Türen von Restaurants und Geschäftshäusern an ihren Fluppen ziehen, dann weiß man auch, dass das Rauchen eine Sünde ist. Wie das Teufelskraut zu uns kam, erzählt ein alter Bauernschwank:

Bauernschlau

Da war einmal ein Bauer, der in der Abenddämmerung – also in der magischen Zwischenzeit, wenn es weder Tag noch Nacht ist – das Wirtshaus verließ und nach Hause ging. Da sah er ein großes Feld vor sich mit Pflanzen, die er noch nie zuvor gesehen hatte. Daneben stand ein Fremder in altertümlicher Tracht. Der Bauer schaute die großen Blätter an und fragte sich, was das für ein seltenes Kraut sein möge. Da kam der Fremde zu ihm, grinste und fragte: »Bauer, sag mal, weißt du, was das ist, was da auf dem Feld wächst?«

Der Bauer zögerte nicht – Bauern wissen ja bekanntlich immer alles – und antwortete: »Freilich, weiß ich das!«

»Ja, dann sag mir mal, Bauer, wie es heißt.«

»Wie es heißt? Na ja … hm …, das fällt mir gerade nicht ein …«, stotterte er und kratzte sich – erst am Kopf und dann am Kinn.

»Wenn du es weißt und es mir sagen kannst, dann gehört dir das ganze Feld, mitsamt dem, was da drauf wächst«, sagte der Teufel.

»Freilich weiß ich es«, behauptete der Bauer, »es wird mir auch gleich einfallen.« Aber nichts fiel ihm ein.

Der Teufel sagte: »Gut, ich gebe dir zwei Wochen Zeit. Wenn du bis dahin nicht weißt, von dem du sagst, du weißt, wie es heißt, dann bekomme ich deine Seele.«

»Ja, kein Problem. Es wird mir schon einfallen«, gab der Bauer keck zurück. Innerlich jedoch fühlte er sich ganz schlecht. Er fragte sich, wie er so dumm sein konnte, und war ganz verzweifelt darüber, dass er seine Seele wohl verlieren würde.

Schweren Schrittes trat er ins Haus. Seine Grete sah ihm gleich an, dass etwas nicht stimmte, und fragte: »Du, Bauer, was ist mit dir los? Warum bist du so niedergeschlagen?«

»Grete, ich muss dir sagen, ich bin dem Leibhaftigen begegnet, und er hatte da so ein Feld mit irgendwelchen komischen Pflanzen, und ich habe gesagt, ich wüsste, was das für eine Pflanze sei, aber ich weiß nicht, was es ist. Und jetzt will er meine Seele holen. In zwei Wochen.«

Aber die Frau lachte nur und sagte: »Wenn das alles ist, das ist doch kein Problem.«

Am nächsten Tag schmierte sie sich von Kopf bis Fuß mit Pech ein, ging in den Hühnerstall und wälzte sich auf dem Boden, bis sie voller Federn war, und ging hin, wo sich das Feld befand. Da sprang sie wild herum, riss einige Pflanzen heraus und gackerte wie ein hysterisches

Huhn. Da kam dann auch gleich der Teufel herbeigerannt und schrie: »Verdammter Vogel! Lass meine Tabakpflanzen in Ruhe! Raus aus meinem Tabakfeld!«

Als sie nach Hause kam, sagte sie: »Bauer, das Kraut heißt Tabak.«

Wie vereinbart kam der Bauer am Ende der Frist zum Treffen mit dem Teufel. Schmunzelnd und die Hände reibend, fragte dieser auch gleich: »Nun, Bäuerchen, wie heißt denn das Kraut?«

»Ja, ich habe doch gesagt, dass ich weiß, wie es heißt. Es ist der Tabak!«, sprach der Bauer.

Dem armen Teufel entging nicht nur eine Seele, er musste auch das Feld abgeben. Der Bauer wurde reich. Seine Nachkommen heißen Philip Morris, Winston, Chesterfield und Reemtsma. Millionen von Menschen wurden tabaksüchtig.

Bekanntlich ist Nikotin hochtoxisch und suchterregend – eine wahrhaft teuflische Droge!

Wenn man diese Geschichten hört, wundert es nicht, dass der Teufel ständig frustriert ist und immer zorniger wird. Wie ein Zwangsneurotiker nimmt er eine Nadel und durchlöchert die Blätter des Johanniskrauts *(Hypericum perfoliatum)*, weil dieses so verdammt heilkräftig ist. Aus dem gleichen Grund beißt er die Hälfte des Wurzelstocks des Teufelsabbiss *(Succia pratensis)* ab. Der Wurzelstock dieser kleinen, heilkräftigen Verwandten der Skabiose, die auf Moor- und Magerwiesen wächst, sieht tatsächlich aus, als hätte ihm jemand die untere Hälfte abgebissen. Und in die Nesseln setzt der Teufel sich auch oft.

Die Holle hat den Teufel im Griff

Im Mittelalter verbannte die Kirche die Frau Holle in die Hölle. Glücklicherweise konnte sie ihren Kessel, ihren Kochtopf, mitnehmen. Der Kessel gehörte schon immer der Göttin. Das brodelnde Gefäß ist nämlich das Bild ihres fruchtbaren Schoßes, aus dem alles hervorkommt und in den alles wieder hineingeht. Es ist Symbol der Wiedergeburt, der Erneuerung, sowie des Überflusses. In der Hallstattzeit verlieh die Göttin den Kessel an die Keltenfürsten, die darin Bier brauen ließen und Ochsen- und Schweinefleisch garten, mit dem sie ihre Krieger bei Laune hielten. Das hoheitliche Symbol transmutierte im Christentum zum Abendmahlkelch und zum Heiligen Gral. Das Märchen vom *Teufel mit den drei goldenen Haaren* zeigt uns, dass weder die Ellermutter, die alte Göttin mit dem Kessel, noch der hörnertragende, paläolithische Höhlengott vom Volk vergessen worden sind. Das Märchen, das man auch als Schilderung einer schamanischen Reise in die Anderswelt deuten kann, enthält tatsächlich sehr alte Züge.

Der Teufel mit den drei goldenen Haaren

Es war einmal ein armer Holzhacker und seine Frau. Die lebten in einer Hütte am Waldrand. Ihnen wurde ein Kind geboren, das eine Glückshaube hatte. Die Hebamme, die eine weise Frau war und das Schicksal des

Neugeborenen lesen konnte, wusste, was das bedeutete. Sie sagte: »Dieser Knabe ist wirklich ein Glückskind, denn wenn er vierzehn Jahre alt sein wird, wird er die Königstochter heiraten.« Alle, die das hörten, freuten sich.

Man spricht von einer Glückshaube, wenn etwas Eihaut, die das Ungeborene im Mutterleib umgibt, am Kopf des Neugeborenen haften bleibt. In ganz West- und Nordeuropa galt das als Zeichen des sicheren Glücks. Ein solches Kind wird reich, berühmt oder auch hellsichtig; es kann die Geister sehen.

Einem jedoch bereitete das überhaupt keine Freude, als er davon hörte. Es war der König, der gerade in geheimer Mission, als Kaufmann verkleidet, durch das Land reiste, um die Stimmung des Volkes auszuloten und zu sehen, ob jedermann zufrieden war oder ob ein Aufstand zu befürchten sei. – Damals gab es ja weder Stasi noch NSA, auch nicht Facebook, wo die Menschen ihre intimsten Gedanken freiwillig kundgeben. Da musste solche Sachen der Regierungschef eben selber machen.

Als er von der Weissagung hörte, war der König entsetzt, denn auch seine Tochter hatte gerade erst das Licht der Welt erblickt. Es musste unbedingt verhindert werden, dass ein Kind bettelarmer Leute seine Tochter, eine hochwohlgeborene Prinzessin, heiraten würde. Er ging also zur Hütte des Holzfällers und sagte den Eltern: »Wie wunderbar! Ein Kind mit einer Glückshaube! Ich bin ein sehr reicher Kaufmann, aber leider ging der Kinderwunsch meiner Frau nicht in Erfüllung. Gebt mir euren Sohn. Ich werde es euch mit einem Vermögen vergelten. Das

Kind wird eine gute Erziehung bekommen, ich schicke es in die besten Schulen. Es wird ihm an nichts fehlen, wenn ihr es mir anvertraut.«

Selbstverständlich wollten die armen Eltern ihr geliebtes Kind nicht weggeben. Aber dann überlegten sie, dass es vielleicht doch das Beste für ihren Sohn sei. Schließlich war er mit einer Glückshaube auf die Welt gekommen. Wahrscheinlich war das schon das erste Glück auf seinem Weg. In gutem Vertrauen gaben sie ihren Sohn dem reichen Kaufmann.

Der falsche Kaufmann nahm das Kind mit sich. Kurz darauf packte er es in eine Holzkiste, nagelte sie zu und warf sie in den Fluss. »So!«, dachte er bei sich, »das ist nun erledigt. Das Kind wird umkommen und nie und nimmer wird es meine Tochter heiraten, wenn es vierzehn Jahre alt ist.«

Die Kiste trieb den Fluss hinunter und verfing sich bei der Mühle in einem Wehr. Der Müllersbursche fischte die Kiste heraus, brach sie auf und war ganz erstaunt, als er sah, dass ein Kindlein darin lag. Die Müllersleute hatten selber keine Kinder und als der Bursche ihnen das Kindlein brachte, waren sie glücklich. Sie nahmen es an und zogen es so liebevoll groß, als sei es ihr leiblicher Sohn. Er war ein kluges und fröhliches Kind und gedieh prächtig.

Vierzehn Jahre später zog der König, abermals inkognito, durchs Land, um zu sehen, ob die Menschen murrten oder ob sie gerne ihre Steuer bezahlten und brav in die Kirche gingen. Da kam er auch an der Mühle vorbei. Er sah den prächtigen Burschen und sagte den Müllersleuten: »Sie haben da ja einen feinen und prächtigen Sohn.«

»Er ist nicht wirklich unser Sohn. Wir haben ihn als Baby in einer Kiste gefunden, die angetrieben wurde und sich hier im Wehr verfangen hatte«, sagte der nichtsahnende Müller.

»Aha!«, dachte der König bei sich, »ich muss verhindern, dass er weiterlebt und die Weissagung in Erfüllung geht.«

Seine wahren Gefühle hinter einer freundlichen Fassade verbergend, fragte er den Müller: »Könnte dieser junge Bursche mir einen Gefallen tun und der Königin einen dringenden Brief ins Schloss bringen?«

»Ja, selbstverständlich!«, antwortete der Müller, der glaubte, er hätte eine wichtige, vornehme Person vor sich.

Der König schrieb also einen Brief, in dem stand, dass der Junge, sobald er den Brief überreicht habe, unverzüglich hinzurichten ist, weil er ein Verbrecher sei. Der König versiegelte den Brief und schickte den Jungen damit los. Der lief so schnell er konnte über Berg und Tal und durch einen finsteren Wald, in dem er sich schließlich verirrte. Als es Nacht wurde und die Wölfe heulten, kam er an ein verfallenes Häuschen. Er klopfte an die Tür. Eine alte Frau öffnete ihm und sprach: »Ach, Kind, was machst denn du hier? Weißt du nicht, wo du bist? Das hier ist eine Räuberhütte! Wenn die Räuber nach Hause kommen und dich finden, bringen sie dich um.«

Er aber antwortete: »Das mag sein, aber ich bin so müde. Ich bin den ganzen Tag gelaufen. Kann ich mich nicht wenigstens ein bisschen hier ausruhen? Und dann gehe ich wieder? Ich werde auch niemandem sagen, dass sich hier eine Räuberhütte befindet!«

Die Alte hatte Mitgefühl mit dem Jungen und ließ ihn sich ausruhen. Er legte sich aufs Stroh und schlief fest ein. Als gegen Mitternacht die Räuber nach Hause kamen, fragten sie argwöhnisch: »Wer ist denn das, der da liegt?«

»Ach, das ist ein unschuldiger Bursche«, sagte die alte Frau, »er wird keinen Ärger machen, er will sich nur ausruhen.«

Die Räuber musterten den Schlafenden und sahen, dass er einen Brief bei sich trug. Sie nahmen ihm den Brief ab, öffneten das Siegel behutsam und lasen, dass der Jüngling sofort hingerichtet werden sollte, nachdem er den Brief überbracht habe. Sie betrachteten den Schlafenden und dachten: »Der arme Kerl! Das ist ja eine Gemeinheit! Diese Fürstenwillkür!«

Der Räuberhauptmann, der tatsächlich lesen und schreiben konnte, verfasste einen neuen Brief, in dem stand: »Es ist der dringliche Wunsch und Befehl Seiner durchlauchtigsten königlichen Hoheit, den edlen jungen Mann, der diesen Brief aushändigt, mit der Königstochter zu vermählen. Die Hochzeit soll sofort und unverzüglich stattfinden!«

Das rote Lacksiegel stellten die Räuber sorgfältig wieder her und verschlossen so den Brief. Am Morgen gaben sie dem Knaben das Schreiben und schickten ihn auf den Weg. Ohne weiteren Zwischenfall erreichte er das Schloss. Die Königstochter war sofort Feuer und Flamme für den Jüngling, weil er so stattlich und sympathisch war. Die Hochzeit wurde augenblicklich gefeiert. Das Brautpaar war überglücklich. Dann aber kam der König nach Hause. Als er sah, was geschehen war, lief ihm vor lauter Zorn die Galle über. Am liebsten hätte er den Jungen auf der Stelle köpfen lassen. Das ging aber nicht mehr, die Tochter hätte es ihm nie verziehen.

»Wer meine Tochter haben will, der muss erst in die Hölle und drei goldene Haare von des Teufels Haupt holen!«, polterte er. Der Junge dachte sich: »Wenn dies das Wort des Königs ist, dann muss es wohl so sein. Die Aufgabe klingt zwar gefährlich, aber ich bin ja ein Glückskind. Ich werde schon finden, was ich suche!«

Er erkundigt sich, wo die Hölle zu finden sei, und machte sich auf den Weg. Nach einer Weile kam er in eine Stadt, deren Einwohner ganz betrübt waren. Er fragte was los sei und erfuhr, dass aus dem Dorfbrunnen, der einst köstlichen Wein gespendet hatte, nun nicht einmal mehr Wasser lief. Die Ratsherren fragten ihn, ob er wisse warum. Er sagte: »Ich weiß es, aber sagen kann ich es erst, wenn ich wieder zurückkomme.«

Dann ging er weiter. Nach einer Weile kam er in eine andere Stadt, in der die Menschen ebenfalls unglücklich aussahen. Im Zentrum der Stadt befand sich ein Apfelbaum, der immer goldene Äpfel getragen hatte. Nun aber trug der Baum nicht nur keine Äpfel mehr, auch das Laub war ausgetrocknet und vergilbt; der Baum drohte abzusterben. Auch hier fragten die Bürger den jungen Fremden, ob er vielleicht wüsste, woran das liegen könnte. Wieder antwortete er: »Ich weiß es, aber ich sage es erst, wenn ich wieder zurückkomme.«

Er lief weiter, bis er an einen dunklen breiten Fluss kam. Ein mürrischer Fährmann ruderte ihn hinüber. Auf halber Strecke klagte der Fährmann: »Seit einer Ewigkeit bringe ich die Leute hinüber und herüber, und keiner nimmt mir meine Arbeit mal ab. Wie kann ich denn erlöst werden?« Auch dem Fährmann antwortet der junge Mann: »Ich weiß die Antwort und werde sie dir sagen, aber erst wenn ich wieder zurückkomme.«

Der Fluss steht für die Grenze, welche die Alltagswelt von der Anderswelt trennt. Nicht nur, wenn wir sterben oder uns in schamanischer Trance befinden, überqueren wir diesen Fluss, sondern auch jede Nacht, wenn wir einschlafen. Dann löst sich nämlich die Seele vom Leib und geht in der Traumwelt auf Reisen – auf der anderen Seite der Wirklichkeit. Gelegentlich, kurz ehe man aufwacht und wieder in den Bereich der fließenden Zeit eintaucht, kann man diesen Fluss wahrnehmen. In unseren modernen Zeiten kann sich dem Träumer dieser Fluss auch als rasender ICE oder vielbefahrene Autobahn zeigen.

Das fließende Gewässer, das die beiden Seiten trennt, ist auch ein »Fluss des Vergessens«. Die wandernde Seele ist nach ihren nächtlichen Abenteuern oft sehr durstig und kann der Versuchung, von seinem Wasser zu trinken, nicht widerstehen. Der labende Trunk löscht aber alle Erinnerung. Deswegen ist es meistens so schwer, sich an Träume zu erinnern. Das ist auch der Grund, weshalb wir uns an unsere früheren Verkörperungen nicht erinnern können. Schamanen und Yogis jedoch, die in strenger Selbstdisziplin geübt sind, verweigern sich diesem Trunk und bringen das Wissen ihrer Erfahrung mit in unsere Welt. Die alten Griechen kannten den Fluss unter dem Namen Styx oder Achéron. Ein greiser Fährmann, der Cháron, rudert die Toten mit seinem Kahn hinüber ins Jenseits. Damit sie den Fährlohn bezahlen konnten, legten die Griechen ihren Verstorbenen eine Münze unter die Zunge.

Nachdem er den Fluss überquert hatte, wanderte der Jüngling weiter. Es dauerte nicht mehr lange, bis er zu einer Höhle kam. Es war der Ein-

gang zur Hölle. Er rutschte hinab in die Tiefe. Dort sah er eine alte Frau an einem Kochkessel auf einem breiten Sorgenstuhl (Herrscherthron) sitzen. Es war die Ellermutter, die Großmutter des Gehörnten.

Ellermutter oder Eldermutter ist niederdeutsch und bedeutet Großmutter. Der Name verbindet sie aber auch mit dem Elder- oder Eller, dem Holunder, wie er im Plattdeutschen und Angelsächsischen genannt wird, aber auch mit der Erle, dem auf sumpfigen Böden wachsenden Baum, unter dem die Elfen und Totengeister tanzen und der ebenfalls ein Zugang zum Reich der Holle ist. Beide, der Holunder und die Erle, galten als Hexenbäume; beide weisen hinüber in die Anderswelt.

Die alte Frau, die gar nicht so furchterregend aussah, fragte erstaunt: »Wer bist denn du! Und wie bist du hierhergekommen? Du bist doch gar nicht tot; nur Tote dürfen hier herein.«

Der Junge antwortete: »Ich brauche drei goldene Haare von des Teufels Schopf, sonst darf ich meine Braut nicht behalten. Außerdem möchte ich noch fragen, warum kein Wein mehr aus dem Brunnen fließt, warum der Apfelbaum keine goldenen Äpfel mehr trägt und warum der Fährmann ohne Unterlass hin- und herrudern muss? Kannst du mir helfen?«

»Weißt du, hier in der Hölle ist es gefährlich. Wenn der Teufel kommt, frisst er dich auf«, warnte sie ihn. Da sie den Jungen mochte und Mitleid mit ihm hatte, war sie bereit ihm zu helfen. Sie verwandelte ihn in eine Ameise, versteckte ihn in einer Rockfalte und sagte noch: »Ich werde zusehen, dass du die drei goldenen Haare bekommst. Und

ich werde dem Teufel, der ja alles weiß, die drei Fragen stellen. Also pass gut auf!«

Es dauerte nicht lange, da kam der Teufel nach Hause. Er hatte einen guten Tag gehabt – er hatte im Wald Zecken mit Borreliose ausgesetzt und war in Brüssel munter durch die Politikerhirne gehüpft. »Das ist besonders wirkungsvoll, denn wenn Menschen ihre Entscheidungen nach Mitternacht treffen, bin ich es, der ihnen die Gedanken einflößt«, lachte er. Doch dann hielt er inne, schnupperte die rußige Luft und schrie: »Ich rieche Menschenfleisch! Hier ist ein Mensch! Wo steckt er?«

Die Großmutter wiegelte ab: »Du treibst dich doch überall unter den Menschen herum. Da ist sicher ihr Geruch in deinem Bart oder in den Haaren hängen geblieben. Iss etwas, dann lause ich dich.«

Er war aber überzeugt und suchte überall, fand aber niemanden. Nachdem er die Suppe verschlungen hatte, gähnte er und legte seinen Kopf in den Schoß der Ellermutter, damit sie ihm die Läuse und Zecken aus den Haaren pulen konnte. Während sie ihn lauste, schlief er ein und fing laut zu schnarchen an. Die Großmutter knackte eine Laus nach der anderen, dann zupfte sie eins von seinen goldenen Haaren heraus.

Erbost fuhr der Teufel auf. »Alte! Was machst du da? Was soll das?«

Die Großmutter entschuldigte sich. »Es tut mir leid, ich bin eingenickt und hatte einen schlimmen Traum. Ich habe von einem Brunnen geträumt, der früher Wein gespendet hat, aber jetzt nicht einmal mehr Wasser liefert.«

»Ja, den kenne ich«, brummte der Teufel, »da sitzt eine Giftkröte drunter. Wenn man die fängt und tötet, wird der Wein wieder fließen! Pass aber auf, dass du mich nicht wieder weckst!« Kaum hatte er das gesagt, da schnarchte er schon wieder so laut, dass die Erde bebte.

Die Ellermutter lauste ihn weiter, bis er wieder ganz tief schlief, dann rupfte sie ihm ein zweites Haar aus. Der Teufel fuhr hoch und schrie: »Aua, ich bring dich um! Ich hole mir einen Knüppel und hau dir eine rein!«

Das war alles andere als eine leere Drohung. Schon öfter hatte der Böse seine Großmutter mit einem Erlenholzknüppel verprügelt. Deswegen übrigens ist das Erlenholz rot.

»Was kann ich denn dafür, ich war wieder eingenickt, und wieder hatte ich einen schrecklichen Traum. Ich träumte von einem Baum, der einst goldene Äpfel trug, jetzt aber nicht einmal mehr Laub«, rechtfertigte sich die Alte.

»Ach ja, der Baum, ich weiß, warum der keine Äpfel mehr trägt. Eine Wühlmaus nagt an den Wurzeln. Wenn man die Wühlmaus tötet, ist das Problem gelöst.« Kaum hatte er das ausgesprochen, schnarchte er schon wieder.

Nicht lange danach zupfte ihm die Großmutter das dritte Haar aus. Vor Zorn dunkelrot, die Augen rollend und die Zähne fletschend, brüllte er: »Jetzt reicht's aber! Ich hole den Knüppel! Ich breche dir das Kreuz, du gammelige Hex!«

Der Großmutter gelang es, ihn zu beruhigen: »Ich schwöre dir, es wird nie wieder vorkommen. Ich hatte abermals einen schlimmen Traum. Und zwar vom Fährmann. Er beklagte, dass er seit einer Ewigkeit immer hin- und herrudern muss und niemand ihn erlöst.«

»Ach, der!«, sagte der Teufel, »der Dummkopf muss doch nur dem Nächsten, den er hinüberfährt, das Ruder in die Hand drücken, und dann kann er gehen. Dann braucht er nur aus dem Kahn zu springen,

und der andere übernimmt seine Arbeit. Und jetzt lass mich schlafen, sonst bringe ich dich um!« Und schon schnarchte er wieder.

Am nächsten Morgen, noch ehe die Sonne aufging, sprang er auf, um seine bösen Sachen zu machen. »Heute geht's zu den Kirchenfürsten, Gutmenschen und Moralpredigern. Das mache ich am allerliebsten!« Und weg war er, ganz vergnügt vor sich hin pfeifend.

Des Teufels Großmutter verwandelte den jungen Mann zurück, überreichte ihm die drei goldenen Haare und fragte ihn, ob er denn auch gut zugehört habe.

»Ja, das habe ich!«, antwortete dieser.

»Du hast Glück gehabt!«, fügte sie hinzu, »Du bist wirklich ein Glückskind.«

Er verließ die Hölle und lief hurtigen Schrittes Richtung Fluss. Der Fährmann fragte ungeduldig, ob er ihm jetzt die Antwort geben könne.

»Ja, mach ich. Aber ich sage es dir erst, wenn ich sicher auf der anderen Seite bin.« Dort angekommen, sprang er aus dem Kahn und sagte dem Alten: »Dem Nächsten, der mitfährt, dem drückst du einfach das Ruder in die Hand und dann bist du erlöst.«

Der Fährmann bedankte sich, und der junge Mann ging weiter. Er kam in die Stadt, wo der Apfelbaum, der immer goldene Äpfel getragen hatte, nun schon fast verdorrt war. Die Stadtväter versammelten sich auf dem Rathausplatz und fragten ihn: »Kannst du uns nun sagen, was unseren Baum plagt?«

»Ja«, sagte der Junge, »da ist eine Wühlmaus unten, die an den Wurzeln nagt. Wenn ihr sie fangt und tötet, lebt der Baum wieder auf.«

Die Ratsherren waren so dankbar, dass sie ihm einen Esel mit einem schweren Sack voller Goldstaub als Belohnung schenkten. Der junge Mann zog mit dem Esel weiter, bis er zu der Stadt kam, wo der Weinbrunnen versiegt war. Die Stadtväter fragten: »Kannst du uns jetzt sagen, warum aus unserem Brunnen kein Wein, ja, nicht einmal mehr Wasser sprudelt?« Der Junge antwortete: »Ja! Unter dem Brunnen haust eine Giftkröte. Wenn ihr die fangt und wegbringt, dann wird wieder edler Wein aus dem Brunnen fließen.«

Auch die Ratsherren dieser Stadt waren sehr dankbar; auch sie schenkten dem Jüngling einen Esel mit einem Sack voller Goldstaub. Mit den zwei schwer beladenen Eseln im Schlepptau zog er weiter, bis er zum Schloss kam. Der böse König traute seinen Augen kaum. »Wie ist es möglich, dass er unversehrt wieder da ist?«, dachte er bei sich. »Ich war mir sicher, dass er in der Hölle umkommen, ja, dass der Teufel ihn fressen würde. Die drei goldenen Haare hat er aber sicher nicht mitgebracht!«

Da täuschte sich der König. Nicht nur die goldenen Haare besaß er nun, sondern auch zwei Esel mit Säcken voller Goldstaub. Damit war er der reichste Mann im ganzen Königreich. Der König musste Wort halten und dem jungen Mann nun endgültig seine Tochter anvertrauen.

»Aber ehe ich sie dir gebe, musst du mir sagen, wo du das viele Gold her hast!« Der Junge antwortete freundlich: »Auf der anderen Seite des Flusses liegt so viel Gold herum wie Sand am Meer. Du kannst dir holen, soviel du willst.«

Der habgierige König zog sofort los und wollte sich über den Fluss rudern lassen. Der Fährmann drückte ihm das Ruder in die Hand und sprang aus dem Kahn. Seither muss der gierige König für immer und ewig die Menschen hin- und herrudern. Wer weiß, ob er mal erlöst wird? Auf jeden Fall war das junge Paar glücklich und zufrieden, und wenn sie nicht gestorben sind, so leben sie noch heute.

So wirkt der Zauber des Holunders

Kehren wir noch einmal zurück zum Holunder, dem Baum, der mit der archaischen Göttin verbunden ist und der wie ein Magnet alle Krankheiten und Übel anzieht und in der Erde versenkt. Wir haben bereits erfahren, wie Krankheitsgeister einst auf den Hofholunder übertragen und dadurch entsorgt worden sind. Das Gewürm kommt in den Sog und plumpst hinunter in den Kessel der Teufelsgroßmutter. Diese verrührt sie schön, würzt die Suppe noch mit ein paar Zecken, Wanzen und anderem Ungeziefer, und serviert sie dann höllisch heiß, wenn der Teufel hungrig nach Hause kommt. Genüsslich schlürft er die trübe Brühe und entsorgt somit das Übel. Das hat man wirklich geglaubt. In ganz Europa, denn überall wo der Holunder wächst, da gibt es ähnliche Geschichten.

»Vom Ende der Gichtplage«

Es gab einmal einen schwäbischen Bauern, der war von der schweren Arbeit des Ackerns ziemlich erschöpft und wollte sich eine kurze Pause gönnen. Er zog an den Zügeln und sagte: »Brrr!«, sodass sein dampfender Kaltblüter anhielt. Während sich der Bauer den Schweiß von der Stirn wischte, ließ er seine Augen über das Feld schweifen. Da sah er zwei Männer kommen, die sahen aus wie der Heiland höchstpersönlich und Petrus mit dem Bart! Er rieb sich die Augen, aber es war keine Täuschung: Die beiden waren noch da und wandelten über das Feld.

Plötzlich sprangen aus der dichten Hecke siebenundsiebzig Gichter und Gichtinnen – das sind alle Krankheiten, die da zwicken und dort zwacken und wehtun, und für die unsere modernen Ärzte allerlei unaussprechliche wissenschaftliche Namen haben. Scheußlich sahen sie aus, mit krummen Nasen, schiefen Zähnen oder gar keinen, mit spitzen Ohren oder Hörnern auf den missgestalteten, verknöcherten Köpfen. Einen unglücklichen und verhärmten Eindruck machten sie; sie schnatterten oder gackerten wie verrückte Hühner, und liefen auf Zehenspitzen – weil sie kein gutes Verhältnis zur Erde haben.

Der Heiland fragte sie mit seiner wunderschön tief klingenden Stimme: »Ihr Gichter und Gichtinnen, wohin des Weges?«

»Zu verderben die Menschen! Ihnen Furunkeln und Schrunden auf die Haut zu machen, ihre geraden Knochen krumm zu biegen«, kicherten sie hämisch als Antwort.

Der Heiland aber befahl ihnen: »Begebet euch hin zum Holunder!«

Da ist dann der ganze irre Haufen hin zum Holunder gekrochen, gehumpelt und geschlurft. Dort gerieten sie in den Sog des Baums, und es zog sie herunter in des Großmutters Kochtopf. Das war das Ende einer Gichtplage in dem schwäbischen Dorf.

Geschichten wie diese kann man nicht in der Bibel nachlesen, auch bekommt man sie nicht von der Kirchenkanzel zu hören. Es gibt sie nur in den volkstümlichen Apokryphen. Dennoch ist es eine wahre Geschichte, ein echtes Märchen. Es wurde im hellsichtigen Zustand gesehen.

Aber selbst in jenen Zeiten, als man noch nicht so aufgeklärt war wie wir heute, gab es schon einige Skeptiker, die nicht ganz glauben wollten, dass der Holunder alles Böse und Krankhafte anzieht und in die Erde befördert. Diese Menschen brauchen handfeste Beweise.

Und hier ist einer: Auf alten Holunderstöcken wächst der Holunderschwamm *(Auricularia)*, der unter dem Namen Judasohr bekannt ist. Er ist nach dem Judas benannt, der den Heiland für schäbige dreißig Silberlinge verraten hat. Nach der frevelhaften Tat plagte ihn sein Gewissen, er wurde schwermütig – heute würde man sagen, depressiv – und fühlte sich magisch angezogen von einem Holunderbaum. Er nahm einen Strick und hängte sich am dicksten Ast auf. (Man sagt, deswegen sei der Holunder heute so mickrig; früher sei er ein großer, mächtiger Baum gewesen.) Unweigerlich wurde Judas nach unten gezogen, fuhr in die Hölle und landete im Kochtopf der Großmutter des Teufels. Für den Teufel war das ein besonderes Festmahl. Er lud all die anderen Teufel ein, daran teilzunehmen.

Nur das Ohr des Verräters blieb im Geäst des Holunders hängen: Man kann es noch heute an alten Fliederbäumen wachsen sehen. Es ist der gallertartige, bräunlichschwarz gefärbte Judasohr-Pilz. Tatsächlich sieht dieser Schwamm ein bisschen wie das Ohr eines nicht mehr ganz taufrischen Leichnams aus. Wenn das kein todsicherer, wissenschaftlicher Beweis ist!

Im Abendland, wo nahezu jeder diese Geschichte kannte, hat wohl kaum jemand den Holunderschwamm als Speisepilz gegessen. Im fernen China jedoch ist er der beliebteste Speisepilz und heißt Mu-Ehr-Pilz – auch chinesische Morchel genannt. In der traditionellen chinesischen Medizin wird dieser Pilz übrigens wegen seiner blutgerinnungshemmenden Wirkung und als immunstabilisierendes Tonikum geschätzt.

Krankheiten
schamanisch entsorgen

Noch immer kann eine hellsichtige Landfrau oder eine kundige Lachsnerin (Schamanin) Krankheitsgeister, »Würmer« oder Gichter in den Holunder bannen, indem sie sie mit geistigen Händen packt und an den Holunderstamm bindet. Aber sie muss diese Wesen wirklich sehen können! Wenn sie das ungute Astralwesen nicht wirklich wahrnimmt, dann werden ihre Bemühungen erfolglos sein. Mit Nur-so-tun-als-ob ist es nicht getan. Außerdem muss sie den richtigen Spruch parat haben, wie etwa den folgenden:

O Fliederbaum, du Lieber.
Mich quält das kalte Fieber.
Weil Judas sich an dir erhängt,
sei das Fieber dir geschenkt.

oder

Guten Tag, Alte,
ich bring dir das Heiße und das Kalte,
ich binde es an
und gehe in Gottes Namen davon.

Während sie das sagt, bindet sie die Krankheit – am besten mit einem roten Faden – an den Baum. Hilfreich ist es, auf den Mond zu achten, wenn man ein Leiden auf den Holunder überträgt. Bei abnehmendem Mond ist es am einfachsten.

Was hier alter Aberglaube zu sein scheint, ist in Wirklichkeit eine wunderbare alte schamanische Heilmethode. Ich vermute, dass Vertreter des Medizin-Establishments bei diesem Gedanken die Nase rümpfen werden und laut protestieren. Das tun sie aber nur, weil sie so etwas selber nicht können und weil es daran kaum etwas zu verdienen gibt. Aber es funktioniert!

Was beim Zurückschneiden des Hollers zu beachten ist

Das zarte Gehölz ist also ein mächtiges Wesen, das hoch in Ehren gehalten wurde. »*Vor dem Holunder soll man den Hut ziehen, und vor dem Reckholder* (Wacholder) *das Knie beugen*«, heißt es im alemannischen

Raum. Mein Lehrer, der alte, weise Bergbauer Arthur Hermes, tat das tatsächlich. Außerdem war man immer darauf bedacht, keine Zweige anzuschneiden oder abzubrechen, damit die in den Holunder gebannten Krankheiten nicht auf einen übersprangen. Wenn der Hofholunder aber unbedingt zurückgeschnitten werden musste, weil er etwa den Eingang zuwucherte, dann begab man sich bei Vollmond zu ihm, opferte Bier, Milch oder Getreide und sagte folgende Formel:

Frau Holle, gib mir von deinem Holz,
und ich gebe dir von meinem, wenn es wächst im Wald.

Der Spruch ist alt und geht auf altgermanische Zeiten zurück. Bei den Angelsachsen sagt man:

Old Gal, give me of thy wood
and I will give some of mine, when it grows
under a tree.
(»Altes Mädchen, gib mir etwas von deinem Holz
und ich gebe dir etwas von meinem, wenn es unter einem
Baum wächst.«)

In einer anderen Version heißt es in der zweiten Strophe:

... I will give some of mine, when I am dead.
(... ich gebe dir etwas von meinem, wenn ich tot bin).

Das »Holz«, das ich der Frau Holle zurückgebe, sind also die Totengebeine. Zwei Wochen später, also bei Neumond, kann man dann unbesorgt den Baum beschneiden.

Überall in Europa opferten die Hausfrauen unter dem Hofholunder den Ahnen, auch den Kobolden und Geistern, Bier, Brot, Milch, Mehl, Quark oder andere weiße »Geisterspeisen«.

Auch unter dem Wacholder – einem weiteren Baum der Frau Holle, von dem im folgenden Text die Rede sein wird – opferten die Mütter unserer Vorfahren, wenn ihre Kinder kränkelten, Brot und Wolle. Dabei sprachen sie diese Worte:

»Ihr Hollen und Hollinnen,
hier bring ich euch was zu spinnen und zu essen.
Ihr sollt spinnen und essen
und meines Kindes vergessen.«

Wacholder
Schutz auf dem Weg ins Jenseits

Durch Märchen und sogenannten Aberglauben erfahren wir einiges über das Weltbild unserer Vorfahren. Auch die Geschichten über einheimische Pflanzen – ja sogar deren volkstümliche Namen, wie Beifuß, Brennnessel, Gänseblümchen, Schafgarbe, Löwenzahn oder Hasel, die seit Jahrhunderten überliefert wurden – geben uns tiefe Einblicke.

Eine ganz besonders heilige Pflanze ist der Gemeine Wacholder *(Juniperus communis),* der im Plattdeutschen Machandelboom heißt, in Westfalen Queckholder (in Anlehnung an quick für lebendig, lebensfroh, wie die Quecke), im alemannischen Raum Reckholder, im bayrisch-österreichischen Raum Kranewitt. Krano ist das althochdeutsche Wort für den Kranich und Witu, verwandt mit dem englischen Wort wood, bedeutet Holz. Es ist also das Holz des

Kranichs, des großen Sumpfvogels, der, genau wie die Gans, Frau Holle geweiht war.

Seit der Urnenfelderkultur in der späteren Bronzezeit ist der Kranich als Symbolvogel der Göttin bekannt. Also seit jener Epoche, als die Hügelgräber aufgegeben wurden und die Bewohner Mitteleuropas ihre Toten immer häufiger auf Scheiterhaufen verbrannten. Dafür eignete sich besonders das heiß brennende, balsamisch duftende, reinigende und Dämonen vertreibende Wacholderholz. Noch lange, bis über das Mittelalter hinaus, wurde Wacholder zum Ausräuchern von Sterbehäusern verwendet. Die zirkumpolaren Völker, das heißt die nordamerikanischen Indianer wie auch die Eingeborenen Sibiriens und Europas, kennen noch heute das Räuchern mit Wacholderzweigen, um ruhelose Totengeister zu besänftigen und zu vertreiben. Die Schamanen Sibiriens, die Bön-Po-Zauberer Tibets und die Trancetänzer der Hunzukuc atmen den Rauch des Wacholders ein, wenn sie, auf der Schamanentrommel trommelnd, in die andere Welt reisen, um krankheitsbringende Dämonen zu jagen.

Diese Bräuche wurzeln in der altsteinzeitlichen Kultur der Großwildjäger. Im Alpenraum werden zur Wintersonnwendzeit, in den zwölf Rauhnächten (Rauchnächten) noch immer Haus und Stall mit aromatischen Kräutern ausgeräuchert – Wacholder ist immer mit dabei.

Der Wacholderrauch bietet der Seele Schutz, während sie sich aus dem sterbenden Körper herauswindet. Böse Geister und Unholde jeglicher Art kann man durch Räucherungen mit getrockneten Wacholderzweigen vertreiben, denn wie man in Bayern sagt:

Eichenlaub und Kranewitt
Dös mag der Teufl nit.

Die von der Materie befreite Seele verlässt den Körper in Gestalt eines Vogels. Im niederdeutschen Raum ist es der Kiebitz (*plattdeutsch:* Kiwitt), ein schwarzweißer Wattvogel mit einem langen zweizipfligen Federschopf, der noch heute von den Biologen als Holle bezeichnet wird. Vielerorts galt er als Totenvogel. Sein Ruf klingt wie »komm mit, komm mit«. So, glaubte man, lockt er die Verstorbenen in den Sumpf, ins Reich der Holle.

»Das Märchen vom Machandelboom«

Vom Wacholder oder auch Machandelboom und der Seele in Gestalt eines Kiebitzes erzählt ein plattdeutsches Märchen, das die Gebrüder Grimm adaptiert haben. Es beginnt mit den Worten: »*Dat is nu all lang heer, wol twe tusend Johr*«, hat sich also vor langer, langer Zeit, vor über 2000 Jahren, zugetragen:

Da lebte ein reicher Mann, der hatte eine schöne, fromme Frau, und sie hatten einander beide sehr lieb, aber sie hatten keine Kinder. Vor dem Haus wuchs ein Wacholder, unter diesem schälte die Frau einen Apfel und schnitt sich in den Finger. Blut tropfte auf den Schnee, denn es war Winter. Da seufzte sie, wurde wehmütig und sagte: »Ach, hätte ich nur ein Kindlein so rot wie Blut, so weiß wie Schnee!« Als sie wieder ins Haus ging, wurde sie frohgemut, denn sie spürte, dass sie ein Kindlein unter dem Herzen trug.

Nach einem Monat war der Schnee vergangen. Zwei Monate später wurden die Wiesen wieder grün. Wieder verging ein Monat und alles fing zu blühen an, Bienen summten und Schmetterlinge tanzten. Im vierten Monat sangen die Vögel besonders schön, die Obstbäume blühten und die Erdbeeren wurden reif. Im fünften Monat wurde es lau, es war, als träume die Natur. Oft stand sie unter dem Wacholder, denn sie mochte den würzigen Duft, den er verströmte. Als der siebente Monat kam, begann das Obst zu reifen und die goldgelben Kornfelder warteten auf die Schnitter. Da wurde die Frau immer stiller. Sie pflückte und aß eine ganze Menge der blauen Wacholderbeeren, und wurde sehr traurig und krank. Im achten Monat rief sie ihren Mann und sagte: »Wenn ich sterbe, begrabe mich unter dem Machandelboom.« Im neunten Monat gebar sie ein Kindlein, einen kleinen Jungen, »so weiß wie Schnee, so rot wie Blut«, freute sich und starb. Der Vater weinte sehr und bald lag das Land wieder unter einer weißen Schneedecke.

Natürlich begegnet uns im ersten Teil des Märchens nicht irgendeine Frau. Durch sie schimmert das Wesen der alteuropäischen Naturgöttin, jener Göttin, die im Februar, wenn Wald und Flur noch mit Schnee bedeckt sind, als weiße Jungfrau erscheint, und die, in ständiger Verwandlung, durch das Jahr hindurch geht, bis sie in der Nacht zum 1. November – zu *Samhain,* wie die Kelten diesen Tag nannten – wieder ins Jenseits, in die unterirdische Totenwelt verschwindet, wo sie das »Sonnenkind« gebiert.
Die Wacholderbeeren, die sie aß, scheinen ihren Abgang anzukündigen, denn der Baum ist, wie auch der Holunder ein Zugang zur Anderswelt. Tatsächlich sind die Beeren nicht giftig. So kommen sie als verdauungsfördernde Würze mit ins Sauerkraut. Das ätherische Öl der Beeren vertreibt Sodbrennen und hilft bei entzündlichen Darmerkrankungen. Ein verdünnter Tee aus Wacholderbeeren wirkt entschlackend und harntreibend – aber Vorsicht (!) in zu hoher Dosierung reizt er die Niere.

Als das Frühjahr kam, nahm sich der Mann eine neue Frau. Diese hatte ein Töchterlein, das Marleen hieß. Es war ungefähr im gleichen Alter wie der lüttje (kleine) Junge. Von Anfang an liebten die beiden Kinder einander sehr. Die Stiefmutter aber mochte das Kind der verstorbenen Frau gar nicht. Sie schubste und knuffte den Kleinen, als ob er ihr ständig im Weg sei; sie drangsalierte ihn so sehr, dass ihm ganz Angst wurde.

Eines Tages ging der Vater, der Kaufmann war, auf Reisen. Es war Herbst, reife Äpfel lagen in einer Truhe. Der kleine Junge ging zu der Stiefmutter und fragte: »Mutter, darf ich einen Apfel aus der Truhe haben?«

Sie sagte: »Ja, hol dir einen.« Er lief zur Truhe und sie ging ihm nach. In ihrem Zorn – es heißt, der Teufel habe es ihr eingegeben – knallte sie den schweren Deckel auf ihn nieder. Der traf den Hals des Knaben mit solcher Wucht, dass er den Kopf vom Rumpf trennte. Der Kopf rollte unter die roten Äpfel. Da bekam es die Frau mit der Angst zu tun und überlegte, wie sie das Geschehene vertuschen und die Schuld von sich abwälzen könnte. Also setzte sie den leblosen Körper aufrecht auf eine Bank, drücke ihm den Kopf wieder auf den Rumpf und wand einen Schal um den Hals, um ihn zu befestigen. Dann legte sie dem toten Knaben einen Apfel in die Hand.

Als Marleenchen nach Hause kam und ihren Bruder mit dem Apfel in der Hand auf der Bank sitzen sah, sagte sie zur Mutter: »Mein Bruder hat einen Apfel, darf ich auch einen haben?«

»Geh hin und frag ihn, er soll ihn dir geben«, antwortete die Mutter.

Sie ging hin und fragte: »Brüderchen, darf ich deinen Apfel haben?«

Doch er antwortete nicht. Marleenchen ging wieder zu Mutter und sagte: »Brüderchen sieht ganz schlecht aus. Er ist ganz bleich und er antwortet mir nicht. Und er gibt mir seinen Apfel nicht.«

Da sagte die Mutter: »Geh hin, und wenn er nicht antwortet, dann hau ihm eine Backpfeife!«

Marleenchen ging wieder hinaus und sagte: »Brüderchen, gib mir ein bisschen von deinem Apfel, sonst hau ich dir eine Backpfeife!« Er antwortete aber wieder nicht. Also haute sie ihm eine, worauf der Kopf abfiel und wegrollte. Da kam die Mutter herbei und schrie Marleen an: »Was hast du gemacht? Du hast deinen Bruder umgebracht!«

Marleenchen war vollkommen erschüttert. Sie brach in Tränen aus und weinte unaufhörlich. Die Mutter tat so, als wollte sie die Tochter beruhigen, und sagte: »Nun gut, wir wollen sehen, was wir da machen können.«

Sie nahm den leblosen Leib des lüttjen Jungen, zerhackte ihn mit dem Metzgerbeil zu Gulasch, kochte ihn in Essig und machte eine Sülze daraus. Sie brauchte die Sülze gar nicht zu salzen, denn Marleenchen weinte so viele salzige Tränen, dass es keines weiteren Salzes bedurfte.

Als der Vater nach Hause kam und sich zum Mittagessen an den Tisch setzte, servierte die Frau die Sülze, die sie gekocht hatte.

Der Vater fragte: »Wo ist denn der lüttje Jung?«

Sie antwortete: »Er ist für ein paar Tage zur Großmutter gegangen.«

Der Vater fand das merkwürdig, der Junge hatte sich ja nicht mal von ihm verabschiedet. Er fing an zu essen, und das Essen schmeckte besonders gut. Er ließ sich immer wieder die Schüssel nachfüllen und sagte, während er aß: »Dat is, as wenn dat all myn wör! (Das ist, als wär das alles von mir!), es ist so lecker, es wäre schade, davon etwas aufzuheben.«

Er schmatzte, warf die Knochen unter den Tisch und fragte seine Frau, warum sie keinen Bissen davon esse.

»Ach«, antwortete sie, »ich habe mir den Magen verdorben und habe keinen Hunger.«

Marleenchen, die ebenfalls keinen Bissen aß, weinte die ganze Zeit. Dem Vater ging's auf die Nerven: »Marleenchen, hör auf zu heulen! Dein Bruder kommt doch wieder! Er ist doch nur zur Großmutter gegangen!« Aber sie hörte nicht auf. Sie weinte ununterbrochen weiter.

Nach dem Essen sammelte das Mädchen alle Knochen, die der Vater unter den Tisch geworfen hatte, und wickelte sie in ein feines Seidentuch. Das Bündel mit den Gebeinen des Bruders legte es unter dem Wacholder ins grüne Gras. Da fing der Baum an zu rütteln und zu schütteln. Eine Flamme schlug heraus, Rauch stieg auf, und auf einmal war ein Vogel da, ein schöner Kiebitz, der sich singend in die Lüfte erhob und in Richtung Dorf wegflog.

Der Vogel flatterte zum Haus des Goldschmieds, setzte sich auf den Giebel und begann zu singen. Der Schmied war gerade dabei, eine feine Goldkette zu fertigen. Als er den Vogelgesang hörte, schaute er nach oben und lauschte dem Lied:

Meine Mutter, die mich schlacht',
mein Vater, der mich aß,
mein Schwester, das Marleenken,
sucht alle meine Beenken (Gebeine),
bindt sie in ein Seidentuch,
legt's unter den Machandelboom.
Kiwitt, kiwitt, wat vör'n schöön Vagel bün ik!
(was für ein schöner Vogel ich bin!)

Der Goldschmied sagte: »Das ist ja ein wundersames Lied. Sing das noch einmal, Vogel!«

Der Vogel sagte: »Da musst du mir etwas dafür geben.«

Da gab der Schmied dem Vogel die schöne Goldkette, an der er gerade gearbeitet hatte, und der Vogel sang das Lied erneut.

Der gefiederte Sänger flog weiter und kam zur Werkstatt des Schusters, setzte sich auf den Giebel und sang das Lied abermals. Der Schuster war gerade dabei, wunderschöne rote Frauenschuhe, Tanzschuhe, zu machen. Auch er wollte das Lied noch einmal hören. Aber auch dem Schuster sagte der Geistervogel, er müsse ihm etwas dafür geben. Da gab er dem Vogel die feinen roten Tanzschuhe.

Nachdem er das Lied erneut gesungen hatte, flog er weiter. In der rechten Kralle hielt er die Goldkette und in der linken die roten Schuhe. Er flog aufs Dach der Dorfmühle und begann zu singen. Unten waren zwanzig Müllerburschen am Werk. Sie hämmerten und meißelten einen neuen Mühlstein. Da war so viel Krach, das Mühlrad machte klick-klack, klick-klack, und die Hämmer schlugen hick-hack, hick-hack, sodass nur einer der Buschen die erste Strophe vernahm: »Meine Mutter die mich schlacht'…« Er hörte auf zu hämmern und rief: »Ey! Seid mal still und hört zu!«

Zwei weitere legten ihre Werkzeuge beiseite und lauschten, »mein Vater, der mich aß …«. Vier weitere schauten auf, als sie die Worte vernahmen »mein Schwester, das Marleenken …«. Bei der nächsten Strophe »sucht alle meine Beenken«, hackten nur noch acht Müllerburschen. Fünf arbeiteten noch bei: »bindt sie in ein Seidentuch …« , zwei noch bei »legt's unter den Machandelboom« und ein letzter bei »Kiwitt, kiwitt, wat vör'n schöön Vagel bün ick!« Dann war es still.

Selbstverständlich wollten die Burschen das ganze Lied hören. »Du, Vogel, kannst du das Lied noch einmal singen?«

»Ein zweites Mal ist nicht umsonst. Ihr müsst mir etwas dafür geben«, sagte der Vogel.

»Wir sind arm. Wir haben nur den schweren Mühlstein«, antworteten sie. Diesen nahm der Vogel gerne an, legte ihn um seinen Hals und sang erneut sein Lied.

Mit dem Mühlstein, den Schuhen und der Goldkette flog er zurück zum Haus seiner Familie und setzte sich auf den Lindenbaum. Marleenchen, die noch immer unaufhörlich weinte, der Vater und die Stiefmutter saßen trübselig in der dunklen Stube. Da sagte der Vater: »Mir ist plötzlich so wohl, als ob ich jemanden wiedersehen würde, den ich seit langem vermisse. Ich möchte hinaus an die frische Luft, die Sonne scheint und da sitzt ein Vogel, der singt so schön!«

»Nein«, wehrte sich die Frau, »mir ist unwohl, mir scheint, als ziehe ein schweres Gewitter auf. Ich sehe schwarz.«

Auch die kleine Marleen zog es hinaus. Als sie den Vogel sah, hörte sie auf zu weinen. Dieser warf die Goldkette um den Hals des Vaters und die roten Schuhe vor die Füße des Mädchens. Marleen zog sie an, und begann fröhlich im Kreis zu tanzen. Der bösen Stiefmutter graute es, ihr standen die Haare zu Berge. Sie wollte auf keinen Fall rauskommen, zuletzt aber siegte doch ihre Neugierde. Als sie die Tür aufmachte, sauste der schwere Mühlstein auf sie hinab und erschlug sie. Der Vogel flog herab und nahm Menschengestalt an. Es war der kleine Bruder. Er war wieder da und alle, besonders Marleenchen, waren glücklich.

Dieses Märchen hat natürlich einen tiefen Sinn. Es weist weit zurück in die Zeit, als die Menschen ihre Toten auf Scheiterhaufen aus Wacholderholz eingeäschert haben, um die Dämonen abzuwehren, und hellsichtig wahrnahmen, wie die Verstorbenen, in Vogelgestalt, ihre Körper verließen. Es bringt die Überzeugung der heidnischen Volksstämme zum Ausdruck, dass das, was vergeht, irgendwann wieder erscheint, und auch, dass die von uns Gegangenen im Kreis ihrer Lieben als Kinder wiedergeboren werden. Die wiederkehrenden Ahnen bringen Segen oder Vergeltung mit und verändern das Schicksal ihrer Verwandten. Da wird die böse Stiefmutter, die sich nicht liebend wie eine echte Mutter verhielt, im Märchen umgehend von einem Mühlstein erschlagen und muss sterben. Angedeutet wird mit diesem Bild jedoch ein seelischer Tod: Ein Mensch, der sich derartiges zu Schulden kommen lässt, trägt sein Karma wie ein Mühlstein durchs Leben – Schwermut, Depression, Niedergeschlagenheit, Schwarzsehen (Melancholie) – werden ihn niederdrücken. Kein Psychiater wird ihm helfen, weder Drogen noch Alkohol werden ihn vergessen lassen können. Sünden wiegen eben schwer. Laster heißen so, weil sie eine Last für die Seele sind.

Die kleine Marleen dagegen tanzt und springt leichtfüßig mit ihren neuen roten Schuhen durchs Leben. Das ist das Geschenk der geistigen Welt für ihre Treue und Güte ihrem Bruder gegenüber. Sie wird ein schönes Leben haben, rot ist die Farbe des Lebens und der Lebensfreude. Und Schuhe deuten auf unser Verhältnis zur Mutter Erde hin, zum tragenden Grund des Daseins. Der Vater bekam eine Goldkette. Es ist das Gold der Lebensweisheit.

Goethe hat das Lied des Vogels im *Faust* aufgegriffen und etwas abgeändert. Er lässt das unschuldige Gretchen im Kerker singen:

»Meine Mutter, die Hur', die mich umgebracht hat!
Mein Vater, der Schelm, der mich gegessen hat!
Mein Schwesterlein klein hob auf die Bein',
An einem kühlen Ort;
Da ward ich ein schönes Waldvögelein,
Fliege fort! Fliege fort!«

Von der Umwandlung der Seele

Im Märchen vom Machandelboom geht es brutal zur Sache: Ein Knabe wird misshandelt, geköpft, zu Sülze verarbeitet, kannibalisch verspeist und die Täterin mit einem Mühlstein erschlagen. Einige Zeitgenossen mögen sich darüber aufregen. So etwas könne man Kindern doch nicht zumuten, finden manche. Die Kinder ihrerseits lieben gerade auch solche Märchen und werden von deren Brutalitäten keinesfalls abgestoßen. Was allzu besorgten Pädagogen und moralisierenden Gutmenschen jedoch entgeht, ist die Tatsache, dass die echten Volksmärchen nicht auf die profane Realität Bezug nehmen. Sie lassen sich auch nicht, im Sinne der analytischen Psychologie, auf frühsexuelle Traumata, Psychopathologie oder interpersonelle Beziehungsprobleme reduzieren. Die Volksmärchen sprechen von der inneren Welt, von den archetypischen Gesetzen der Seele, von dem göttlichen Menschen in uns, auf seinem Weg zu seiner Bestimmung. Auf dieser Meta-Ebene geht es nicht um perverse Menschenfresser, die ihr Opfer schlachten und zu Gulasch verarbeiten. Es ist nicht

der physischen Körper, sondern es ist die Seele, die da stirbt und verwandelt wird. Sie muss so etwas durchmachen, um heil zu werden, um das Falsche zu läutern und um zur heiligen Hochzeit von Geist und Seele zu gelangen.

Schamanische Zerstückelung

Auch der echte Schamane muss bei seiner Initiation diese »Zerstücklung« erfahren. In Sibirien, zum Beispiel, ist der angehende Schamane oft sehr krank, liegt blutend in einem Zelt, übergibt sich, hat Fieberträume und Halluzinationen. So wenigstens sieht es, von außen betrachtet, aus. Was innerlich, auf seelischer Ebene, erlebt wird, ist etwas ganz anderes: Der Schamanenanwärter befindet sich tief im Wald in der menschenleeren Taiga, wo er von einer johlenden Schar Dämonen gejagt wird. Diese Dämonen sind die Krankheitsgeister, die Mensch und Tier plagen. Wie Jagdwild, wie ein Hirsch oder ein Wildschwein, wird er von ihnen verfolgt, mit Schlingen gefangen, mit Pfeilen erlegt, ausgeweidet und zerstückelt. Sie trinken sein Blut und, nachdem sie ihn in einem großen Kessel gekocht haben, schmausen sie und feiern ein wildes Fest. Sie nagen die Knochen ab und werfen sie achtlos weg. Die Vogelmutter, die auf dem Weltenbaum ihr Nest hat, beobachtet den Vorgang. Ehe Nagetiere oder Füchse die Knochen wegschleppen können, kommt sie von oben angeschwebt, sammelt jeden einzelnen Knochen auf, nimmt alle mit in ihr Nest und setzt sie in der richtigen Reihenfolge wieder zusammen. Dann spricht sie einen Zauberspruch, der den Schamanen wiederbelebt und seine Gebeine wieder mit Fleisch bekleidet. In Gestalt eines kleinen Kükens wächst er im Nest heran. Irgendwann ist er dann ausgewachsen, hebt vom Rande des Nests ab und schwebt in die Alltagswelt zurück. Eigentlich ist er derselbe, der er einst war, nun aber hat er Flügel und kann fliegen. In dem Augenblick, in dem er auf dem Boden landet, erwacht er in seiner Hütte. Ein neuer Schamane ist geboren. Er hat seine Einweihungskrankheit hinter sich, nun kann er »schamanisieren«. Im Gegensatz zu gewöhnlichen Menschen, kann er willentlich in die Welten der Geister und Götter fliegen, kann verlorene Seelen finden, Rat bei den Andersweltlichen holen und die Krankheitsdämonen bekämpfen. Er wird über all jene Dämonen Macht haben, die an dem Fest teilgenommen und von seinem Fleisch gegessen haben. Über die Plagegeister jedoch, die sein Fleisch nicht gekostet haben, wird er keine Macht ausüben können. Den hilfesuchenden Kranken, die von diesen Dämonen befallen sind, wird er sagen müssen: »Euch kann ich nicht helfen. Was euch plagt, hat keine Resonanz mit mir.« Schamane sein ist also nicht einfach. Wer will schon Schamane werden, wenn man so etwas durchmachen muss? Wer will sich mit all den schrecklichen Dämonen herumschlagen müssen? Anders als bei den coolen Wochenendschamanen, ist bei den Naturvölkern kaum jemand freiwillig bereit, diese Bürde auf sich zu nehmen. Es sind die Ahnen oder die Götter, die den außergewöhnlichen Menschen dazu berufen. Nimmt er die Berufung nicht an, dann wird es ihm allerdings schlecht ergehen.

Wieder-belebungsrituale

Geschichten von Zerstücklung und dem Wiederzusammensetzen findet man von Nord- bis Südamerika und in ganz Asien. Und, wie es das Märchen andeutet, kannten auch wir ähnliches. Folgende alte Geschichte aus Tirol erzählt von einem solchen Zerstücklungs- und Wiederbelebungsritual:

»Die erlene Hex«

Ein junger Bursche lief durch den Wald und stieß in einem abgelegenen Erlenbruch auf einige wild aussehende Frauen. Es waren Hexen. Diese bemerkten ihn nicht, da sie sehr beschäftigt waren. Aus seinem Versteck hinter einem Busch beobachtete er entsetzt, wie sie, Zauberformeln murmelnd, eine sehr alte, scheinbar kranke Hexe töteten, zerstückelten und in einen mit Kräutern und Quellwasser gefüllten Kochkessel warfen. Nach einer Weile fischten sie die blanken Knochen aus dem Topf und legten sie in der richtigen Reihenfolge wieder zusammen. Allerdings fehlte eine Rippe: Der verwegene Jüngling hatte sie unbemerkt entwendet. Da setzten die Hexen statt der Rippe den Zweig eines Erlenbaums ein und erweckten ihr »Opfer« mit Zaubersprüchen wieder zu neuem Leben. Die Zauberinnen hatten sie verjüngt und strahlend schön gemacht. Sie warnten ihre wiederbelebte Schwester aber, dass sie sterben müsse, sobald sie jemand eine »erlene Hexe« schimpfe. Einige Tage später traf der Jüngling im Dorf auf die schöne junge Hexe. Diese versuchte zugleich ihn zu verzaubern und zu verführen. Doch da er ihr Geheimnis kannte, rief er sie eine »erlene Hexe«, worauf sie tot umfiel.

Das ist natürlich eine typisch mittelalterliche, christliche Geschichte. Dennoch erzählt sie von der schamanischen Einsicht, dass das Leben, um sich zu erneuern, durch eine Phase des Chaos, der Dissoziierung und des Auseinanderfallens gehen muss.
Bei den sibirischen Jägerstämmen, auch bei einigen Indianern, war es wichtig, jeden einzelnen Knochen der getöteten Tiere wieder zusammenzufügen und in den Wald zu legen. Nur so würden die Tiere wieder lebendig werden können.

»Thor zu Gast«

Folgende Geschichte von Thor (Donar) und seinen Böcken zeigt, dass dieser Gedanke auch den Nordgermanen nicht fremd war.

Eines Abends erschien der mächtige rotbärtige Hammergott auf einem Bauernhof. Die Bauernfamilie war beschämt darüber, dass sie ihn nicht so bewirten konnte, wie es das Gastrecht verlangte. Die Zeiten waren schwer. Außer Rüben und Kohl gab es nichts zu essen. Doch Thor befand milde, das sei kein Problem. Er schlachtete seine Böcke, ließ sie im Kessel kochen und lud den Bauern samt Frau und seinen Kindern zum Nachtmahl ein. Er warnte sie jedoch davor, auch nur einen der Knochen zu beschädigen. Nachdem sie das Fleisch von den Knochen abgenagt hatten, sollten sie diese jeweils auf die beiden Bocksfelle werfen, die auf dem Boden lagen. Es wurde ein herrliches Festmahl.

Am nächsten Morgen berührte Thor die Felle und die Knochen mit seinem Hammer. Die Tiere erwachten zu neuem Leben und sprangen auf. Ein Bock allerdings hinkte. Einer der Bauernsöhne hatte einen Hinterbeinknochen durchbohrt, um das köstliche Mark herauszusaugen. Thors Augen blitzten vor Zorn. Beinahe hätte er den Jungen erschlagen. Doch das Klagen der Familie besänftigte ihn. Zur Strafe musste der Junge Thor Gefolgschaft leisten und wurde schließlich ein Priester des Donnergottes.

Hagedorn Schutz gegen alles Böse

In dem Märchen »*Schneeweißchen und Rosenrot*« begegnet uns die Göttin wieder in ihrer dreifachen Gestalt, als alte Witwe mit ihren beiden Töchtern. Die eine, Schneeweißchen, still und sanft, hilft der Mutter gerne bei der häuslichen Arbeit, beim Kochen, Fegen und Bettenausschütteln. In ihr erscheint die sanfte, weiße Ostara oder Brigid, die lichthafte Göttin der Reinheit. Ihre Jahreszeit ist der frühe Frühling, wenn die Erde noch mit einer weißen Schneedecke bedeckt ist und die Menschen die meiste Zeit zu Hause verbringen.

Es heißt bei Grimm: *Im Winter zündete sie das Feuer an und hängte den Kessel an den Feuerhaken. Und der Kessel war von Messing, glänzte aber wie Gold, so rein war er gescheuert.*

Hier haben wir das alte keltische Motiv vom Sonnenkessel, der im Winter in der Erde versteckt wird. Die andere, Schneeweißchens Schwester Rosenrot, springt dagegen lieber über die blühenden Sommerwiesen den Schmetterlingen hinterher und pflückt bunte Blumensträuße. Sie ist die rote Sommergöttin. Und die Mutter – als Witwe trägt sie schwarze Kleider – ist Ausdruck der dunklen Göttin. Die beiden Kinder, heißt es, hatten sich sehr lieb, sie gingen immer Hand in Hand und schworen einander nie zu verlassen, solange sie lebten; die Mutter setzte hinzu: *»Was das eine hat, soll's mit dem anderen teilen.«* Sie sind ja, im Grunde genommen, *ein* Wesen. Auch ihr Aspekt als Herrin der Tiere kommt in der Geschichte zum Vorschein.

Oft liefen sie allein im Wald umher und sammelten rote Beeren und alle Tiere kamen herbei und waren zutraulich. Die Hasen fraßen aus ihren Händen, das Reh graste an ihrer Seite, der Hirsch sprang lustig vorbei und die Vögel blieben auf ihren Ästen sitzen und sangen ihnen Lieder. Und wenn sie sich im Wald verspätet hatten und es Nacht wurde, schliefen sie sicher im Moos, bis der Morgen kam. Ihre Mutter machte sich keine Sorgen, denn sie wusste, dass die Kinder von guten Geistwesen beschützt werden.

Die drei lebten weit entfernt vom Dorf im Wald. Vor ihrem Häuschen wuchsen zwei Rosenbäumchen, wovon einer weiß und der andere rot blühte. Man sollte sich aber nicht kultivierte Rosenstöcke vorstellen, die da wuchsen. Als »Rose« wurde früher auch der einheimische Eingriffelige Weißdorn *(Crataegus monogyna)* aus der Familie der

Rosengewächse bezeichnet, von dem es natürlicherweise weißblühende und rotblühende Varianten gibt. Diese Bäumchen wurden immer mit der alten Göttin assoziiert. Davon später mehr, hören wir erst das Märchen:

Schneeweißchen und Rosenrot

Eines Abends im Spätherbst klopfte es an der Tür. »Rosenrot geh mal, es wird ein Wanderer sein, der Obdach sucht«, rief die Mutter.

Rosenrot schob den Riegel weg und erschrak. Da stand ein Bär, der seinen dicken schwarzen Kopf zur Tür hineinstreckte. Die Mädchen bekamen einen Schreck. Das Lamm und das Täubchen, die Haustiere der beiden Kinder, zitterten ebenfalls vor Angst und flohen. Der Bär aber sprach: »Fürchtet euch nicht, ich tue euch nichts zuleid, ich will mich nur ein wenig bei euch aufwärmen!«

»Du armer Bär«, schaltete sich jetzt die Mutter ein, »leg dich ans Feuer und gib nur acht, dass du dir deinen Pelz nicht versengst.«

Der Bär legte sich vor den Kamin, brummte behaglich und schlief ein. Die Kinder gewannen langsam Zutrauen, und auch das Lamm und das Täubchen verloren ihre Angst vor dem Bären.

Die nördlichen Waldvölker betrachteten nicht nur den Hirsch, sondern auch den Bären als Sonnenwesen, weil auch Meister Petz ganz im Einklang mit dem solaren Jahresrhythmus lebt. Im Spätherbst, wenn die Sonne immer tiefer sinkt und, wie es scheint, fast von der Erde verschluckt wird, begibt sich auch der Bär in die Erdentiefe, in die Höhle. Und während er in der Höhle schläft, träumt sich seine Seele ins Holle-Reich und findet Zuflucht bei der Göttin. Und im Frühling ungefähr zur Lichtmesszeit, kommt er verjüngt und – wenn es sich um eine Bärin handelt – mit Jungen wieder heraus.

Bald verloren die Mädchen ihre Scheu. Sie zausten ihm das Fell, sprangen auf ihm herum, nahmen eine Haselrute und schlugen auf ihn los. Und wenn er brummte, so lachten sie. Der Bär ließ sich's gefallen. Wenn sie es aber zu wild trieben, dann sagte er: »Lasst mich am Leben, Schneeweißchen, Rosenrot, schlägst dir den Freier tot!«

Als das Frühjahr kam und alles wieder grün wurde, wollte der Bär das warme gemütliche Häuschen verlassen. Er sagte, er müsse seine Schätze vor böswilligen Zwergen hüten. Im Winter ist die Erde hart gefroren und da sind die Schätze sicher, aber im Sommer, wenn die Erde weich wird, brechen die Zwerge durch und stehlen die Kostbarkeiten. Die Mädchen waren traurig darüber, dass er sie verlassen wollte. Als Schneeweißchen ihm die Tür aufriegelte und er sich hinausdrängte, blieb er am Türhaken hängen, sodass ein Stück Fell aufriss. Es war ihr, als blitze pures Gold unter dem Bärenpelz hervor.

An dieser Stelle deutet sich die Sonnennatur des Bären an. Das goldene Licht, das unter seinem Pelz hervorblitzte, ist das goldene Licht der reinen Seele und zugleich ist es das Licht der im

Spätwinter oder Vorfrühling noch häufig verhüllten Sonne. Die jungfräuliche Göttin öffnet ihm die Tür. Im keltisch-germanischen Denken schließt die Göttin das Tor zum Lenz auf.

Der Bär brummte und verschwand hinter den Bäumen. Eines Tages schickte die Mutter die Kinder zum Reisigsammeln in den Wald. Da sahen sie etwas am Stamm eines gefällten Baumes wie ein Hündchen an einer Leine auf- und abspringen. Es war ein kleiner, dünner Zwerg, der sich dummerweise beim Fällen des Baums seinen langen, schneeweißen Bart eingeklemmt hatte.

»Was steht ihr da wie blöd herum!«, schrie er, »helft mir doch!«

Die Mädchen gaben sich alle Mühe den Bart herauszuziehen, er steckte aber fest. Da holte Rosenrot eine Schere aus ihrer Tasche und schnitt, schwupp di wupp, das Ende des Barts ab. Der Zwerg sprang befreit auf, doch statt sich zu bedanken, fluchte er bitterböse: »Ihr Miststücke! Was habt ihr mir angetan? Meinen schönen, stolzen Bart gestutzt. Lohns euch der Kuckuck!«

Dann schnappte er sich einen Sack Gold, den er hinter den Wurzeln versteckt hatte, und verschwand.

Einige Zeit später, auf dem Weg zum Bach, wo sie Fische fangen wollten, sahen die Schwestern etwas, das aussah wie eine große Heuschrecke, die aufs Wasser zuhüpfte, als wolle sie hineinspringen. Als sie näherkamen, erkannten sie den Zwerg. Diesmal hatte sich sein Bart beim Angeln in der Angelschnur verheddert. Als dann ein großer Fisch angebissen hatte, drohte er ihn ins Wasser zu ziehen. Der Zwerg versuchte verweifelt sich an den Binsen festzuhalten, war aber einfach zu schwach. Die Mädchen versuchten ebenfalls an der Angelschnur zu ziehen, aber auch für sie war der Fisch zu stark. Es blieb ihnen nichts anderes übrig, als wieder zur Schere zu greifen und die verhedderte Bartsträhne abzuschneiden. Statt sich zu bedanken, schrie der Zwerg außer sich vor Zorn: »Ihr garstigen Mädchen, fort mit euch, zur Hölle mit euch! Wie konntet ihr mir das bloß antun. Mein stolzer Bart! Was werden die anderen Zwerge dazu sagen!« Dann holte er noch einen Sack voller Perlen aus dem Schilf und verschwand hinter einem Stein.

Einige Zeit später wurden die Mädchen in die Stadt geschickt, um etwas zu besorgen. Als sie durch die Heide wanderten, in der hier und da mächtige Findlinge lagen, sahen sie einen Adler seine Kreise ziehen. Ganz in ihrer Nähe stieß der große Raubvogel auf seine Beute nieder. Im gleichen Augenblick hörten sie einen durchdringenden Schrei. Als sie hinrannten, sahen sie, dass die Beute kein anderer als ihr Bekannter, der Zwerg war. Die mitfühlenden Kinder bekamen ihn gerade noch zu fassen und zerrten an ihm, bis der Adler losließ und davonflog.

Wieder erfuhren sie keine Dankbarkeit dafür, dass sie ihm das Leben gerettet hatten. Im Gegenteil: »Ihr täppisches, unbeholfenes Gesindel. Meinen schönen Rock habt ihr zerrissen!«, kreischte der Zwerg.

Dann hob er einen Sack voller Edelsteine auf und verschwand unter einem der Findlinge in eine Höhle.

Als Schneeweißchen und Rosenrot gegen Abend auf dem Heimweg wieder die Heide durchquerten, entdeckten sie den Zwerg, der vor sich auf dem Boden all seine Edelsteine ausgebreitet hatte. Die wunderbaren Steine glitzerten in der Abendsonne in allen Farben.

»Meine Edelsteine, meine Edelsteine. Das sind meine!«, murmelte er in seinen Bart hinein, während er sie zählte. Als er die Mädchen sah,

wurde sein aschgraues Gesicht zinnoberrot vor Zorn: »Was glotzt ihr da mit offenen Mäulern!?«

In seinem Eifer hatte er den großen schwarzen Bär gar nicht bemerkt, der aus dem Wald herbeitrabte. Erst als er das laute Brummen hörte, wurde sein Fluchen unterbrochen. Der giftige Winzling sprang erschrocken auf, konnte sich aber nicht mehr in seine Höhle retten.

»Lieber Herr Bär«, rief er mit jämmerlicher Stimme, »nimm meine Edelsteine. Du kannst sie alle haben. Aber lass mich leben! Wenn du Hunger hast, friss die beiden bösen Dirnen. An mir ist nichts, ich bin nur mager und dürr. Die zwei aber sind saftige Leckerbissen!«

Der Bär kümmerte sich nicht um die Worte, er holte mit seiner Tatze aus und schlug den Zwerg tot. Die Mädchen waren fortgerannt. Der Bär rief ihnen nach: »Schneeweißchen, Rosenrot, fürchtet euch nicht. Ich will mit euch gehen!«

Da sie seine Stimme erkannten, blieben sie stehen. Als der Bär bei ihnen war, fiel die Bärenhaut plötzlich von ihm ab und vor den Schwestern stand ein schöner, junger Mann, der ganz in Gold gekleidet war.

»Ich bin ein Königssohn«, sprach er, »und war von dem gottlosen Zwerg, der mir meine Schätze geraubt hat, verwünscht als wilder Bär solange im Wald zu leben, bis ich durch seinen Tod erlöst sein würde. Jetzt hat er seine wohlverdiente Strafe empfangen.«

Bald darauf ward Hochzeit gefeiert: Schneeweißchen heiratete den verwunschenen Prinzen und Rosenrot dessen Bruder – und sie teilten alle Schätze miteinander, die der Zwerg in seiner Höhle zusammengetragen hatte. Die alte Mutter lebte noch lange mit ihren Töchtern und Schwiegersöhnen auf dem Schloss. Die zwei Rosenbäumchen hatten sie dorthin mitgenommen.

Es muss im Wonnemonat Mai gewesen sein, als der schöne, goldene Mann vor den beiden Mädchen stand. In ihm erkennen wir Belenos (den Schönen oder den Glänzenden), den Sonnengott der Kelten. Beim Hochzeitsfest im Mai wirft er seinen Berserkermantel aus Bärenfell ab und vermählt sich mit der Blumengöttin, der Tochter der Erdgöttin. Bei diesem Fest verwandelt sich die jungfräuliche weiße Göttin in die rotgewandete Braut. Eigentlich vermählt er sich mit beiden, denn sie sind im Grunde genommen ein und dasselbe Wesen und, wie die alte Mutter sagte, »was das eine hat, soll's mit dem anderen teilen«.

Den Sonnengott und die dreifaltige Göttin haben wir erkannt. Wer aber ist der Zwerg? Der kleine Giftkerl hat mit unserem Ego zu tun und mit dem beschränkten Kopfwissen, das sich für sehr clever hält, aber nicht die goldene Herzensweisheit kennt. Der beschränkte – reduktionistische – Verstand versucht sich die Schätze der Seele, das Gold, die Edelsteine und Perlen der Weisheit anzueignen, aber sie gehören ihm nicht. Sie gehören dem göttlichen Selbst in uns. Das heißt nicht, dass wir uns von Ego und Ratio verabschieden müssen, auch sie sind Teil des Seins, sollten aber dem Göttlichen in uns dienen und uns keinesfalls beherrschen.

Von Zaunreiterinnen und Heckensitzerinnen

Der Weißdorn und seine Variante, der Rotdorn, waren für die indigenen Waldvölker schon immer heilig. Bis heute wird die Maikönigin im westlichen Europa mit einem Haarkranz aus blühendem

Weißdorn geschmückt. So wird sie zur Verkörperung der alteuropäischen Göttin. Der Weißdorn wird auch Hagedorn (*englisch:* hawthorn) genannt. Er ist Teil des Hags, jener nahezu undurchdringlichen, dornigen Hecke, die das Gehöft umgibt. Ursprünglich trennte eine solche Hecke das gepflegte, kultivierte Land von der umgebenden Waldwildnis. Für die ersten Ackerbauern der Jungsteinzeit war der Strauch ein Teil der Grenze zwischen dem, vom Hausgeist geschützten gehegten Land und dem Bereich der wilden Tiere, Waldgeister und Dämonen. Krankheiten und alles Übel bleiben an dieser Barriere aus Dornen hängen. Folglich ließ man Sieche durch die Hecke kriechen, damit ihre Krankheit an den Dornen hängen bliebe.

Innerhalb dieser Umfriedung aus Hagedorn konnte man ruhig schlafen. Deswegen wurde Dornengestrüpp in den Überlieferungen, wie etwa im Märchen von Dornröschen mit tiefem Schlaf assoziiert. Grenzgänger, Zauberer, Jäger und alte Frauen, die sich jenseits der Hecke bewegten, galten als magisch aufgeladen. Alte Frauen, die nicht mehr in den alltäglichen Arbeiten eingebunden waren, sammelten in dem Heckenbiotop heilende Kräuter und neunerlei Holz und Reisig für den Herd. Sie standen sozusagen zwischen beiden Welten. Man nannte sie deshalb Zaunreiterinnen oder Hag-Sitzerinnen. Aus dem althochdeutschen Wort Hagazussa entwickelte sich das Wort Hexe. In diesem Sinn ist der Weißdorn ein Hexen- oder Schamanenbäumchen. Fliegende Hexen, so glaubte man im Mittelalter, ruhen sich auf dem Weißdorn aus und naschen an den Knospen.

Dass der Weißdorn gegen allerlei Böses schützt, glaubten auch die Slawen. Vampiren und den Leichen von Wiedergängern wurden Pfähle aus Weißdornholz durchs Herz getrieben.

Merlin unterm Weißdorn

In einer bretonischen Sage heißt es, dass der große Zauberer Merlin bis heute unter einem Weißdorn schläft. Wie kam es dazu?

Der alte Druide hatte sich in eine junge Schönheit verliebt und ihr in seiner Verliebtheit viele seiner Geheimnisse verraten. Eines Tages fragte sie ihn, ob es einen Zauber gibt, der einen Mann ohne Stricke oder Seile binden kann, sodass er nie mehr entkommen könne. Ohne Argwohn verriet er ihr das Geheimnis und erklärte, sie müsse den Mann neunmal umtanzen und dazu einen Spruch sprechen. Er verriet ihr sogar den Spruch. Nun, als Merlin sich einmal unter einem alten Weißdorn ausruhte, umtanzte sie ihn und fesselte ihn magisch. Seither erzählt man sich, Merlin sei wahnsinnig geworden, denn noch immer sitzt er unter dem Weißdorn und lächelt, wie ein Buddha, glücklich vor sich hin.

Vielleicht hat er aber auch seine Herzensmitte gefunden, die innere Vereinigung von Animus und Anima, denn der Weißdorn ist ebenfalls das Symbol der heiligen Hochzeit.
Völlig ungefährlich dagegen ist ein Tee aus Weißdornblättern und -blüten, der als regelrechter Herzbalsam wirkt. Er erhöht die Leistungskraft des Herzens und verbessert die Herzorgandurchblutung auf sanfte und sichere Weise.
In Südwestengland, in Glastonbury, dem heiligsten Ort der Insel, wächst ein uralter Weißdornbaum. Der Legende nach hat ihn

Joseph von Arimathäa nach Britannien gebracht, der auch den heiligen Abendmahlkelch vor den aufgebrachten jüdischen Priestern retten konnte. Als er auf der britischen Insel landete, rammte er seinen aus Weißdorn geschnittenen Wanderstab in die Erde. Der Stab wurzelte und grünte im nächsten Jahr – und zur Weihnachtszeit blühte er. Bis zum heutigen Tag gehört es zu den Privilegien des englischen Königshauses zu Weihnachten blühende Zweige von dem Weißdorn in Glastonbury zu bekommen.

Dahinter steckt uraltes keltisch-germanisches Brauchtum. Der Abendmahlkelch, in dem Joseph angeblich das Blut des gekreuzigten Heilands aufgefangen hatte, verbindet mit dem heiligen Kessel (dem Gral) der Kelten und der Wanderstab mit dem heiligen Baum der Göttin. Die Legende bietet einen Trittstein, eine Brücke für die Bewohner der britischen Inseln auf ihrem Weg zur Bekehrung zum Christentum. Die zu Weihnachten blühenden Zweige gehen auf einen alten germanischen Brauch zurück. Einige Wochen vor der Wintersonnenwende schnitten die Frauen Birnen-, Apfel-, Kirsch- oder Weißdornzweige, brachten sie ins Haus und stellten sie ins Wasser. Wenn sie aufblühten, galt das als gutes Omen. Der Brauch lebte in der christlichen Kultur weiter und wurde der heiligen Barbara, geweiht. Am 4. Dezember, dem Tag der Barbara, holen noch immer Frauen diese Zweige und hoffen, dass sich die Blütenknospen an den Weihnachtstagen öffnen werden, damit Glück und Segen ins Haus kommen.

Barbara, als Beschützerin der Krieger (Wehrstand), nimmt den Kampf gegen den grimmigen Winter auf, unter anderem, indem sie die Barbara-Zweige blühen lässt. Auch hier erscheint, in christlichem Gewand, das Bild der alten dreifachen Göttin.

Haselstrauch: Verbindung zur Anderswelt

Der Haselstrauch gehört, wie die Birke, der Wacholder und der Beifuß, zu den Erstbesiedlern der kargen Böden nach der Eiszeit. Haselnüsse waren schon den steinzeitlichen Sammlern ein wichtiges Nahrungsmittel. Wahrscheinlich wurden die Haselkätzchen schon damals als schweißtreibender Erkältungstee verwendet.

Die Steinzeitmenschen nahmen aber auch andere Aspekte der Vegetation wahr – nicht nur ihren unmittelbar materiellen Nutzen. Sie konnten die pflanzliche Energie wahrnehmen, die auf ihre Körper wirkte oder mit ihrer Seele in Resonanz ging. Und sie konnten das wahrscheinlich besser als wir, da sie unmittelbar und hautnah mit der Natur im Einklang standen. Wir moderne Menschen dagegen kommen kaum mehr zur Ruhe und Einstimmung: Wir werden ständig abgelenkt oder blockiert von einer elektronischen, virtuellen Welt voll greller Werbung, von der Verzauberung durch Massenmedien, von Motorengeheul, piepsenden Handys und den pulsierenden Strahlen der Funkmaste. Und das jahrelange Sitzen in Schulbänken hat auch seine Spuren hinterlassen. Da bekommt man eine dicke Panzerung, durch die die feineren Eindrücke nicht mehr hindurchdringen.

Unsere Vorfahren konnten also Dinge wahrnehmen, die uns heute verborgen bleiben. So konnten sie etwa spüren, dass der Haselstrauch ätherische Schwingungen und seelische Bilder vermitteln kann. Die Druiden, zum Beispiel, verwendeten Zauberstäbe aus Haselstecken, um Naturenergien zu bewegen. Heidnische Zauberer benutzten Haselruten zum Wetterzaubern. Noch in mittelalterlichen Hexenprozessakten erfahren wir, dass die Truden Regen, Gewitter und Hagel herbeizauberten, indem sie mit Haselruten auf Pfützen schlugen. Der kluge Hermes, griechischer Schamanengott und Herr der grenzüberschreitenden Händler, Ärzte, Diplomaten und Gauner, führte einen schlangenumwundenen Haselstab mit sich. Als er mit diesem Haselzepter die grobschlächtigen, grunzenden Urmenschen berührte, fingen sie an, artikuliert zu sprechen. Hasel vermittelt klare, kluge Gedanken und die Fähigkeit sie auszusprechen. Der Thing-Platz der Germanen, wo die Ratsgespräche und Verhandlungen stattfanden, wurde mit geschälten Haselstäben umzäunt, denn die Haselruten bedeuteten auch Frieden und Versöhnung. Die hellen, geschälten Stäbe sind der Ursprung der weißen Fahne, die das Ende einer Kampfhandlung signalisiert.

Im folgenden Märchen erfahren wir noch mehr über das Haselwesen:

Die weiße Schlange

Es war einmal ein alter König, dessen Weisheit im ganzen Land berühmt war und der eine seltsame Angewohnheit hatte. Nachdem die mittägliche Tafel abgeräumt war, ließ er sich eine Schüssel bringen. Diese Schüssel war abgedeckt, und nicht einmal der Kammerdiener, der sie ihm brachte, wusste, was sich darinnen befand. Davon aß der König, wenn er ganz alleine war.

Der Diener war neugierig. Eines Tages hob er vorsichtig den Deckel und sah, dass eine weiße Schlange in der Schüssel lag. Er konnte sich nicht zurückhalten, schnitt ein kleines Stück ab und steckte es in seinen Mund. Kaum aber hatte es seine Zunge berührt, hörte er seltsame Stimmen vor dem Fenster. Es waren Spatzen, die miteinander sprachen. Das Fleisch der weißen Schlange hatte ihm die Fähigkeit verliehen, die Sprache der Tiere zu verstehen. Nun wusste er, warum der alte König so weise war; von den Tieren erfuhr er jeden Tag alles, was in dem Königreich geschah.

Gerade an diesem Tag vermisste die Königin ihren goldenen Ring. Egal wo sie auch suchte, sie konnte ihn nicht finden. Sie verdächtigte den Kammerdiener, denn niemand sonst hatte Zugang zu den königlichen Gemächern. Der König ließ ihn kommen und drohte, wenn bis morgen kein anderer Täter zu nennen wäre, dann stünde es schlecht um ihn. All seine Unschuldsbeteuerungen halfen ihm nichts.

Um sich etwas zu beruhigen, ging der junge Mann in den Hofgarten. Da hörte er, was die Tiere so unter sich sprachen. Die Spatzen erzählten, wo die besten Pferdeäpfel zu finden sind, die Hühner gackerten lauter Belangloses und die Enten schnatterten, wie lecker Froschlaich sei. Eine fette Ente erzählte von den Salaten, die sie im Garten geschnäbelt hatte.

Eine andere beklagte, wie schlecht es ihr gehe: »Ich habe einen Ring geschluckt. Der liegt mir schwer im Magen.«

Da wusste der junge Mann, wo er den verlorenen Ring finden konnte. Er schnappte sich die Ente, trug sie in die Küche und sagte zum Koch: »Schau mal her, wie gut gemästet sie ist!«

Der Koch schlachtete die Ente und nahm sie aus. Und tatsächlich: In ihrem Magen fand sich der Ring. Es war dem König und der Königin peinlich, dass sie den jungen Diener beschuldigt hatten. Als Wiedergutmachung stellten sie ihm eine bessere Stelle in Aussicht. Er aber wünschte sich nur etwas Reisegeld und ein Pferd; er wollte die Welt sehen.

Als er die Stadt hinter sich gelassen hatte, kam er an einem Fischteich vorbei. Ein Schwarm silberner Fische hatte sich in einem Rohr verfangen. »Wir werden elend zugrunde gehen«, klagten sie, »wie kommen wir hier nur heraus?«

Als er das hörte, stieg der junge Mann vom Pferd und erlöste die Fische.

»Wir werden dir's vergelten!«, sagten sie. Er schmunzelte und dachte bei sich, »Wie wollen diese kleinen Dinger mir das wohl vergelten?«.

Nach einer Weile hörte er kleine Stimmen, die sagten, »Diese Menschen trampeln die ganze Zeit auf uns herum! Sie geben überhaupt nicht Acht.«

Als er vor sich auf den Boden schaute, sah er, dass es Ameisen waren. Er lenkte also sein Pferd vorsichtig um den Ameisenhaufen herum. Da hörte er den Ameisenkönig sagen: »Wir werden dir's vergelten.«

Der junge Reiter schmunzelte und dachte: »Die kleinen Dinger, wie können sie mir das vergelten?«

Er ritt dann weiter durch einen Wald und sah, wie Rabeneltern gerade drei Jungen aus dem Nest schoben. »Ihr fresst zu viel!«, schimpften die Eltern, »wir haben keine Lust, euch weiter zu füttern.«

Die Kleinen flatterten hilflos auf dem Boden herum und hatten Angst, dass sie verhungern mussten. Da stieg der junge Mann ab, schlachtete sein Pferd und gab es den armen Vögeln zu fressen. Die kleinen Raben sagten: »Wir werden dir's vergelten.«

Es scheint zunächst merkwürdig, dass der junge Mann sein Pferd opfert, wo doch das Ross als heiliges Tier galt. Vor dem Hintergrund der christlichen Symbolik bekommt die Szene aber dennoch Sinn, denn hier versinnbildlicht das Pferd den Hochmut, während der Esel, wie ihn Jesus in Jerusalem ritt, die Demut verkörpert. Das Ross, das stolz seinen Kopf hochreißt, charakterisierte für den Kirchenvater Augustinus den geistigen Hochmut von Gottlosen, Ungläubigen und Ketzern.

Der Jüngling ging nun zu Fuß weiter und kam in eine Stadt, in der die Königstochter nach einem Bräutigam Ausschau hielt. Sie war blendend schön, und als er sie sah, wusste er: »Ohne sie kann ich nicht leben!«

Die Prinzessin jedoch war ebenso stolz wie grausam. Sie bestand darauf, dass jeder, der sich um sie bewarb, eine schwere Prüfung zu bestehen habe. Wer scheiterte, war des Todes. Für die Prüfung wurde ein Ring über eine Klippe ins tosende Meer geworfen. Der hoffnungsvolle Bewerber musste dem Ring hinterhertauchen und ihn wiederbringen. Schon so mancher tapfere Ritter oder Königssohn war an dieser Aufgabe gescheitert und hatte sein Werben mit dem Leben bezahlt. Unbeeindruckt nahm der junge Mann die Herausforderung dennoch an und verkündete: »Ich bewerbe mich um die Hand der Königstochter.«

Fast verzagte er, als der Ring in der wilden Brandung verschwand. Wie sollte er ihn bloß finden? Da kamen plötzlich die kleinen Fische, die er gerettet hatte, herbeigeschwommen. Einer hatte eine Muschel im Maul und legte sie dem Jungen zu Füßen. Als der die Muschel öffnete, fand er den Ring. Er brachte ihn zur Königstochter und die war nicht schlecht beeindruckt. Als sie jedoch erfuhr, dass er nur ein Diener war und ihres Standes nicht würdig, sagte sie: »Du hast noch eine weitere Prüfung zu bestehen, wenn du mich freien willst.«

Sie nahm zehn Säcke voll Hirse und streute die Körner ins Gras. »Morgen früh müssen die Säcke wieder voll sein. Und wehe; ein einziges Hirsekörnchen fehlt!«, sagte sie.

Wieder wusste der junge Mann nicht, wie er diese Aufgabe bewältigen sollte. Am nächsten Morgen jedoch traute er seinen Augen kaum:

Alle Säcke waren voll. Die Ameisen hatten ihn nicht vergessen und die ganze Nacht gearbeitet.

Die stolze Königstochter war völlig perplex. Trotzdem war sie nicht bereit, einen ehemaligen Diener zum Mann zu nehmen, es sei denn, er hole ihr einen goldenen Apfel vom Baum des Lebens.

Irgendwann hatte er mal gehört, dass irgendwo im Westen, auf einer Insel am Ende der Welt, dieser Baum wachsen soll. Wie aber würde er dort hingelangen? Er wanderte los, Richtung Sonnenuntergang. Noch war er nicht weit gekommen, da hörte er das Krächzen von Raben. Als er hinaufschaute, sah er die drei Raben, denen er einst geholfen hatte. Einer von ihnen hatte einen goldenen Apfel im Schnabel.

Der Jüngling brachte der schönen Königstochter den goldenen Apfel des Lebens, teilte ihn und sie aßen ihn gemeinsam. Da ward das Herz der Prinzessin mit Liebe zu ihm erfüllt, und wenn sie nicht gestorben sind, dann leben sie noch heute.

Diese Geschichte von der weißen Schlange hat mit Stolz und Demut zu tun, aber auch mit helfenden Tieren. Nicht nur Märchenhelden und Schamanen brauchen Tierhelfer, sondern jede Seele, um ihr Lebensziel zu erreichen. Uns interessiert an diesem Märchen vor allem der erste Teil, wo von der weißen Schlange die Rede ist, denn Echsen, Schlangen und Drachen verkörpern die Weisheit der Erde; sie gehören der alten Göttin.

Von Haselwürmern, Wünschelruten und Wollust

Der Volksglaube besagt, dass unter besonders alten Haselsträuchern manchmal eine weiße Schlange mit goldener Krone lebt. Einige schillern aber auch in den Farben des Regenbogens. Selbstverständlich haben wir es mit einem ätherischen Wesen aus einer anderen Welt zu tun, einem, das auf derselben Ebene zu finden ist, wie Einhörner, Zwerge oder Elfen. Man glaubte, nur Sonntagskinder oder solche, die mit einer Glückshaube geboren wurden, könnten die Haselschlange sehen. Sie wird also in einem entrückten, hellseherischen Zustand wahrgenommen.

Die Haselstaude, unter der die Schlange haust, wächst meistens auf Störzonen, etwa da, wo sich zwei Wasseradern kreuzen. Hier und da ist ein solcher Strauch von einer Mistel befallen. Sensible, strahlungsempfindliche Menschen spüren an Orten, wo sich Wasseradern kreuzen, Gefühls- und Wahrnehmungsveränderungen. Aus diesem Grund wurden Kultplätze, Kirchen und Kapellen oft auf Kreuzungspunkten und Quellen gebaut. Solche Orte erleichtern das außergewöhnliche Sehen, die visionäre Schau. Da erweitert sich, wie es Rudolf Steiner sagen würde, unser Ätherleib über den physischen Leib hinaus, und die Anderswelt wird leichter erlebbar. Oder wie es der Münchner Chemiker und Pflanzenheilkundler, Dr. Max Amann, formuliert: »*Unter Haselsträuchern kann man sich leicht mit freundlichen Naturgeistern in Verbindung setzen.*«

In jener Zeit, als Frühwissenschaftler noch annahmen, dass Hexen tatsächlich auf Besen und Backschaufeln durch Schornsteine fliegen, glaubte man auch daran, dass Haselwürmer real existierten.

In einer Klosterchronik wird »*von hochgebildeten Männern*« berichtet und bezeugt, der Haselwurm sei halb Mensch und halb Schlange, weine wie ein Kind und habe einen Kopf wie ein Säugling oder eine Katze. In der Braunschweiger Chronik im Jahr 1597, wird von einem mannsdicken, grün-gelblichen Haselwurm berichtet, mit einem Maul wie ein Hecht und mit Füßen am Bauch; 18 Schuh lang soll er gewesen sein.

Kirchengelehrte glaubten, die Haselschlange, von deren Existenz die Bauern überzeugt waren, sei der »Wurm der Erkenntnis«, der einst im Paradies das erste Menschenpaar mit dem Versprechen verführt hatte, sie würden Weisheit und Erkenntnis erlangen. Gott, in seinem gerechten Zorn, habe die Bestie unter den Haselstrauch gebannt.

Wie auch viele Bäume und Kräuter, die den Heiden heilig waren, galt den christlichen Glaubensboten der Haselstrauch zuerst als ein böser Teufels- oder Hexenbaum, denn er verführe die Menschen zur Unzucht. Noch immer bedeutet »*in die Haseln gehen*« verbotene Liebe und vorehelicher oder außerehelicher Sex. Von einem unehelichen Kind sagte man, »*es sei der Haselnuss entsprungen*«. Noch bei der Benediktiner-Äbtissin Hildegard von Bingen heißt es: »*Der Haselbaum ist ein Sinnbild der Wollust, zu Heilzwecken taugt er kaum.*« »*Viele Haselnüsse, viele uneheliche Kinder*«, sagt eine alte Bauernweisheit, oder auch: »*Wenn die Hasel reichlich blüht, wird es weniger Jungfrauen geben.*« Daraus folgert man heute, dass Mädchen und Buben, die unbeaufsichtigt im Wald Haselnüsse sammeln, noch anderes im Sinn haben. Wahrscheinlicher ist es, dass in Zeiten größerer Naturverbundenheit, die außergewöhnliche Fruchtbarkeit in der Natur auch zugleich eine erhöhte menschliche Daseinsfreude und Lebensbejahung bedeutete. Bei den Kelten war der König für die

Fruchtbarkeit seines Reichs zuständig. Er war nicht nur mit einer irdischen Frau verheiratet, sondern auch mit der Göttin des Landes. Wenn er die Göttin befriedigte, gab es viele Haselnüsse, und das Ackerland blieb zugleich fruchtbar. Wenn es aber, mehrere Jahre lang, keine oder wenig Nüsse gab, dann hieß es, er sei nicht mehr zeugungsfähig und musste den Thron räumen für einen jüngeren König.

Doch mit der Verteufelung der Hasel kamen die Mönche nicht weiter. Das einfache Landvolk ließ einfach nicht ab von dem Baum: Noch immer wurden daraus Wünschelruten gemacht, um Quellen zu finden; die Ruten dienten auch zur Übertragung von Fruchtbarkeit; »verhextes« Vieh wurde mit Haselgerten geschlagen, um es zu heilen; zur Sommersonnwende gepflückte Haselzweige gaben Schutz gegen angezauberte Krankheiten, und vieles mehr. Die Pfaffen hatten keine Wahl. Sie mussten die »Frau Hasel« rehabilitieren und in den christlichen Kosmos eingliedern. Man weihte sie also der Gottesmutter Maria und erzählte dazu folgende süßliche Legende:

Einmal, als das Christkindlein ruhig in seiner Wiege schlief, da ging die Gottesmutter in den Wald, um Erdbeeren zu sammeln. Eine giftige Natter kam daher und wollte sie beißen. Maria erschrak, und als sie sich hinter einer Haselstaude versteckte, verzog sich die böse Schlange. Da sprach Maria: »Wie die Haselstaude mein Schutz gegen eine Schlange gewesen ist, soll sie es auch in Zukunft sein!«

Wer also vor Schlangenbiss sicher sein will – so die Schlussfolgerung –, der soll einen Stock aus Hasel bei sich tragen. Eine weitere fromme mittelalterliche Geschichte nimmt wahrscheinlich Bezug auf den Wetterzauber, der mit der Hasel getrieben wurde. Es wird erzählt, wie die heilige Familie, als sie auf der Flucht nach Ägypten war, von einem furchtbaren Gewitter überrascht wurde. Sie fanden Schutz unter einer Haselstaude. Auch diesmal wird die alte heilige Pflanze in den christlichen Kosmos eingebunden: Ein Bäumchen, das Jesus, Maria und Josef Schutz bietet, kann ja nicht schlecht sein. Doch zurück zur weißen Schlange mit der goldenen Krone. Wer sie fängt und ein Stück von ihr isst, dem wird so etwas wie Erleuchtung zuteil. Er wird die Sprache der Tiere verstehen, mit den Zwergen und Naturgeistern reden und sämtliche Heilpflanzen erkennen können. Er braucht nur hinzuschauen und er wird – so wie der Hirsch oder der Bär im Wald – unmittelbar wissen, welches Kräutlein gut ist für die Leber, welches für die Lungen und welches für die Nieren. Mit anderen Worten, eine tiefe, intuitive Weisheit, die mit den Instinkten verbunden ist, wird sein eigen sein. So erklärte man sich die Weisheit des Paracelsus: Er musste von der Haselschlange gegessen haben.

Wie soll man das verstehen? Die weiße Schlange mit leuchtender Krone ist eine Metapher für das weiße Rückenmark und das Reptilienhirn, in dem unsere Instinkte, die Erfahrung von vielen hundert Millionen Jahren, angesiedelt sind. In Indien kennt man das Bild der Kundalini-Schlange. Sie symbolisiert die geballte Urkraft, die im Wurzel-Chakra am Ende der Wirbelsäule ruht. Wenn diese Schlangenkraft geweckt wird, steigt sie nach oben bis in den Kopf. Dabei verwandelt sie sich in strahlendes geistiges Licht, das wie eine goldene Krone getragen wird. Ein solches erleuchtetes Bewusstsein ist etwas anderes als das vergleichbar dumpfe, alltägliche Kopfwissen, das auf Versuch und Irrtum beruht und auf dem mühseligen Sammeln von Daten und Fakten.

Selbstverständlich ist es gar nicht so einfach, dieses mystische Reptil zu finden, und noch viel schwerer, es zu fangen. Die mittelalterlichen Magier kannten da eine Reihe von Regeln. Man muss den richtigen Zeitpunkt treffen, um den Haselwurm auszugraben: Die Sonnwendtage sind am besten geeignet oder auch der Gründonnerstag in der Karwoche. Sobald man die Schlange entdeckt, muss man sie mit dem richtigen Spruch ansprechen: »*Grüß dich Gott!, du edle Frucht der Haselstaude; ich beschwöre dich, mein Wurm … usw.*«, mehr will ich nicht verraten. Man stelle sich nur vor, was geschehen würde, wenn selbstsüchtige, machthungrige Menschen den Spruch kennen würden?

Damit die Schlange nicht entflieht, muss man Beifußpulver auf sie streuen. Das betäubt sie. Das Pulver besteht aus getrockneten, zerriebenen Blättern und Wurzeln des gewöhnlichen Beifußes. Diese Anweisung hat einen guten Grund. Der aromatische Duft dieser Artemisia-Art wirkt ganz tief bis ins Unterbewusstsein – also bis in unser Reptilienhirn. Das wussten die Schamanen, die mit Beifuß – überall, wo er vorkommt – bei Geisterbeschwörungen, Heilritualen und astralen Ausflügen räucherten. Wegen seiner Wirkung wurde Beifußpulver auch zur Behandlung von Epilepsie verwendet, eben weil es in die tiefen Regionen unseres archaischen Hirns hineinwirkt.

In Irland, wo es keine Schlangen gibt, spielen der Lachs (Salm) oder die Forelle eine ähnliche Rolle wie die weiße Schlange. Lachse galten als die ältesten und deswegen auch die weisesten aller

Lebewesen. In der Mitte Irlands, so die Sage, liegt eine Quelle, aus der die vier Hauptflüsse der Insel entspringen und die mit der Anderswelt verbunden ist. Am Rande dieser heiligen Quelle wachsen neun Haselsträucher. Ab und zu plumpst eine Haselnuss in das glasklare Wasser, Blasen der Inspiration steigen dabei auf und die Fische, die in der Quelle leben, versuchen, diese Haselnüsse zu fressen. Wenn einer eine Nuss aufschnappt, dann bekommt er einen weiteren rot leuchtenden Tupfer. Wer einen dieser Lachse fängt, ihn kocht und sein Fleisch isst, der wird alle Weisheit erlangen; er wird die Heilpflanzen erkennen, die Tiere verstehen und in die Zukunft blicken können. Aber: Diese Quelle ist sehr schwer zu finden und die Lachse sind sehr schwer zu angeln.

Der Lachs und Finn, der Seher

Es war einmal ein alter Druide, der »Finn, der Seher« genannt wurde. Jeden Tag saß er an der Quelle und versuchte einen dieser Lachse zu fangen. Irgendwann kam ein Junge namens Demna an den Ort und der Alte nahm ihn in seine Dienste. Es verging noch einige Zeit, bis es dem alten Finn endlich gelang, einen Lachs herauszufischen. Zu dem Jungen sagte er: »Du, brate mir den Lachs und bring ihn mir. Du darfst aber weder von ihm essen noch kosten!«

Demna briet den Lachs über dem Feuer. Als er fast damit fertig war, bildete sich eine Blase auf der Haut des Fisches. Der Junge drückte auf die Blase, dabei spritzen drei Tropfen heißes Fett auf seinen Daumen. Erschrocken steckte er ihn in den Mund, um ihn zu kühlen, und berührte dabei einen Zahn. Plötzlich stand ihm die andere Dimension offen und er konnte Dinge sehen, die Menschen normalerweise verborgen bleiben. In den drei Tropfen war die Essenz des Lachses enthalten. Der alte Druide, der so lange auf die Erleuchtung gehofft hatte, bemerkte das sofort. Anstatt sich zu ärgern, gab er sich zufrieden und sagte: »Nun ja, es ist wohl das Schicksal, das diesen Lachs für dich bestimmt hat!

Dein Name ist nicht mehr Denma. Du bist der wahre Finn, denn nun bist du ein Seher und ein Mann des Wissens!«, fügte er hinzu.

Ein weiteres Märchen, in dem die Hasel eine charakteristische Rolle spielt, ist das von Aschenputtel. Zu den Eigenschaften der Haselrute gehört auch, dass man mit ihr in andersweltliche oder feinstoffliche Bereiche vordringen kann. Man kann sie als Wünschelrute verwenden und damit tief in die Erde hineinspüren, Erzadern finden, Diebesgut entdecken oder Wasserquellen »schmecken«. Da die Hasel diese Eigenschaft besitzt, in die feinstofflichen Regionen hineinzuwirken, hat man sie auch dazu benutzt, das Wetter zu beeinflussen, etwa um Regen zu machen. Von den keltischen Druiden wird gesagt, dass sie über Haselstäbe die Erddrachen »führten«, damit diese mit ihrer gewaltigen Stärke nicht nach oben dringen und zerstörerisches Chaos verursachen würden. Das Motiv

blieb in der christlichen Imagination des Ritters St. Georg oder des Erzengels Michael erhalten. Mit einem Stab oder einer Lanze halten Drachenbezwinger die Lindwürmer unten, wo sie hingehören. Auch die Wasserdrachen im Meer oder in einem See, sowie die Luftdrachen, die sich in Stürmen und Unwettern offenbaren, wurden mit magischen Sprüchen und Haselstäben geleitet.

Mittels der Rute kann man aber auch Verbindung mit den Geistwesen und den Verstorbenen aufnehmen. Und diese können ihrerseits über die Hasel mit uns kommunizieren und uns ihren Segen zukommen lassen. Man war einst überzeugt, dass die Kräfte der Fruchtbarkeit aus der jenseitigen Welt zu uns strömen. Nicht nur den Feldern bringen sie reiche Ernten, auch den Menschen schenken sie Fruchtbarkeit. Zur Wintersonnwendzeit oder zu Ostern war es noch lange Brauch, die Rinder und andere Haustiere sowie die jungen Frauen, mit einem Schlag der Haselrute zu pfeffern, fitzeln oder *»schmackostern«*, damit sie gesund blieben und fruchtbar wurden. Der Schlag mit der Lebensrute erlaubt es den Ahnen die Grenze zu überwinden und auf dieser Seite wiedergeboren zu werden. Aus diesem Grund trägt der Weihnachtsmann, neben einem Sack mit Äpfeln und Haselnüssen, auch einen Bündel Haselruten. Die sind nicht dazu gedacht, unartige Kinder zu schlagen, wie es uns pädagogisch motivierte Schulmeister weismachen wollen, sondern um auf die Menschen Gesundheit und Fruchtbarkeit zu übertragen.

Diese Verbindung der Haselrute mit den Toten und dem Segen der Ahnen kommt im Märchen *Aschenputtel* zum Ausdruck. Auch wenn fast jeder diese Geschichte kennt, soll sie hier noch einmal erzählt werden:

Aschenputtel

Die Mutter von dem Mädchen, das uns als Aschenputtel bekannt ist, starb im Herbst. Der Winter kam und bedeckte die Erde mit einem weißen Mantel. Im Frühling nahm sich der Vater eine neue Frau. Sie brachte zwei eigene Töchter mit in die Ehe, die waren schön, hatten aber böse Herzen. Sie drängten ihre Stiefschwester immer weiter ins Abseits, beraubten sie ihrer schönen Kleider und ließen ihr nur noch einen grauen Arbeitskittel und grobe Holzschuhe. Mit den Worten, »wer Brot essen will, muss es sich auch verdienen«, verbannten sie das Mädchen in die Küche. Es musste in der Asche beim Herd schlafen und wurde ganz staubig. Es musste früh aufstehen und den ganzen Tag schwer arbeiten, Wasser tragen, Feuer machen, kochen und Wäsche waschen.

Das Mädchen hat also ein schweres Los. Es wurde zu einem Aschenputtel oder Aschenbrödel – also jemand, der in Asche oder Dreck »brodelt« oder »puttelt« – was mundartlich »wühlen« bedeutet. Dieses Bild beschreibt unsere göttliche Seele. Sie ist verwaist und in diese Aschen-Welt, diese materialistische Welt, gestoßen, wo sie hart arbeiten muss. Das germanische Wort **arbejo* (*für* arbeiten) bedeutet ursprünglich: »bin verwaistes und daher aus Not zu harter Arbeit gezwungenes Kind«. Dabei ist unsere Aschenputtel-Seele in Wirklichkeit ein Königskind.

Eines Tages wollte der Vater in die Stadt reiten. Er fragte die Töchter: »Was soll ich euch mitbringen?« Die eine wollte schicke Kleider, die andere glitzernden Schmuck – alles nach der neuesten Mode, versteht sich.

Aschenputtel aber sagte: »Vater, bringt mir das erste Reis, das Euch auf dem Heimweg den Hut vom Kopf stößt. Das brecht für mich ab.«

Der Vater kaufte in der Stadt schöne Kleider, Perlen und Edelsteine. Die schenkte er den beiden Stieftöchtern. Aschenputtel bekam ein Haselreis, das ihm, als er durch den Wald ritt, den Hut vom Kopf gestreift hatte. Aschenputtel bedankte sich bei ihm, ging zum Grab seiner Mutter, pflanzte das Haselreis ein und begoss es mit seinen Tränen. Das Reis wuchs und wurde ein schöner Baum. Dreimal am Tag ging das Mädchen zum Hasel, weinte und betete, und allemal kam ein weißes Vöglein, das ihm, wenn es einen Wunsch aussprach, herabwarf, was es sich gewünscht hatte.

Morgens, mittags und abends –, das sind die heiligen Zeiten, wenn die Menschen innehalten und sich kurz mit der anderen Dimension verbinden. Auch den weißen Vogel, als Bild der Seele der Verstorbenen, kennen wir schon. Liebe und Gedenken ist Nahrung für die Totengeister, und sie danken es, indem sie helfend ins Schicksal der Lebenden eingreifen.

Es begab sich, dass der König ein dreitägiges Fest für seinen Sohn veranstaltete, eine Art Brautschau. Alle Jungfrauen des ganzen Landes und auch von außerhalb waren eingeladen, damit der Prinz sich eine Braut aussuchen könne. Die Stiefschwestern putzten sich heraus, schminkten sich und zogen ihre schicksten Kleider an. Aschenputtel musste ihnen behilflich sein, ihnen die Haare kämmen, die Schuhe putzen, das Korsett schnüren.

Als Aschenputtel äußerte, dass sie auch gerne mitgehen würde, wurde sie nur ausgelacht. Da fiel der Stiefmutter eine List ein: »Du hast deine Arbeit nicht fertig. Hier, sortiere die Linsen aus.« Sie schüttete eine Schüssel Linsen in die Asche. »Wenn du es schaffst, die Linsen innerhalb von zwei Stunden auszulesen, dann darfst du mit.« Natürlich war das unmöglich zu schaffen, doch reine Seelen können mit den Tieren reden, also ging Aschenputtel hinaus und rief:

»Ihr zahmen Täubchen, ihr Turteltäubchen, all ihr Vöglein unter dem Himmel, kommt und helft mir!

Die guten ins Töpfchen,
die schlechten ins Kröpfchen!«

Die Vögel kamen herbeigeflattert und halfen. Im Nu waren die Linsen aussortiert. Und trotzdem wurde es ihr verwehrt, zum Fest zu gehen.

»Nein, Aschenputtel, was stellst du dir vor! Du bist voller Staub und Dreck, du hast keine Kleider und kannst nicht tanzen. Du wirst ja nur ausgelacht und wir müssten uns schämen!«, sagte die Stiefmutter. Und als das Mädchen weinte, schüttete sie abermals Linsen in die Asche,

und sagte hämisch: »Wenn du sie aufgelesen hast, dann darfst du zum Ball.«

Wieder halfen dem Mädchen die zahmen Täubchen und all die anderen Vögel; doch wieder lachte man es aus und erlaubte ihm nicht mitzugehen.

Als niemand mehr im Haus war, ging Aschenputtel zum Grab seiner Mutter unter den Hasel und rief dreimal:

»Bäumchen, rüttle dich und schüttle dich,
wirf Gold und Silber über mich.«

Der weiße Vogel warf ihr ein gold- und silberfarbenes Kleid herunter und Schuhe, die mit Silber und Seide verziert waren. So ausgestattet begab sich Aschenbrödel zum Ball. Mutter und Stiefschwestern erkannten sie nicht und dachten, sie sei eine fremde Prinzessin. Und der Königssohn, ganz geblendet von ihrer Schönheit, tanzte den ganzen Abend nur mit ihr. Alle anderen Bewerberinnen wies er ab mit den Worten: »Das ist meine Tänzerin!«

Kurz vor Mitternacht musste Aschenbrödel den Ball verlassen, denn in der magischen Stunde würde der Zauber aufhören. Sie riss sich los und floh, rannte nach Hause in den Garten und versteckte sich im Taubenhaus. Der Königssohn sah sie noch, konnte ihr aber nicht folgen.

Als er Aschenbrödels Vater entdeckte, rief er: »Meine Tänzerin ist ins Taubenhaus geflohen, und ich finde sie nicht mehr!« Der Vater fragte sich, ob es Aschenputtel sein könnte, nahm eine Axt und zertrümmerte das Taubenhaus, aber das Mädchen war nicht zu finden. Aschenbrödel war schnell auf der anderen Seite wieder herausgeschlüpft, hatte die Schuhe und das Kleid in den Haselbusch gelegt und lag nun, als man nachsah, in seinem schmutzigen Kittel in der Küche in der Asche.

Am nächsten Tag, als das Fest weiterging und die Eltern und Stiefschwestern bereits weg waren, ging Aschenbrödel wieder zum Haselbaum, sprach die magischen Worte, und der weiße Vogel warf Kleid und Schuhe herab – und die waren noch viel schöner als am Tag zuvor. Wieder tanzte der Königssohn den ganzen Abend nur mit der mysteriösen Schönheit. Diesmal wollte er sie nicht entwischen lassen. Aber kurz vor Mitternacht sprang sie fort und verschwand im Garten in einem großen Birnbaum, der voller reifer Birnen hing. Flink wie ein Eichhörnchen kletterte sie zwischen die Äste, dass der Königssohn, der ihr gefolgt war, nicht ausmachen konnte, wohin sie verschwunden war.

Zum Vater sprach der junge Prinz: »Das fremde Mädchen ist mir entwischt, ich glaube, es hat sich im Birnbaum versteckt!«

Der Vater fragte sich, ob es Aschenputtel sein könnte, nahm die Axt und hieb den Baum um, aber niemand war darin zu finden. Aschenputtel lag wie immer im Staub in der Küche. Nur ein kleines Öllämpchen brannte im Kamin.

Am dritten Abend, wieder waren alle fort, rief Aschenbrödel wieder in die Hasel:

»Bäumchen rüttle dich und schüttle dich,
wirf Gold und Silber über mich!«

Da warf der Vogel ein noch prächtigeres, glänzendes Gewand auf sie herab und Schuhe aus reinem Gold. Wieder tanzte der verliebte Königssohn den ganzen Abend mit ihr. Damit sie ihm diesmal auf keinem Fall entkommen konnte, hatte er eine List ersonnen. Er ließ die Treppe mit

Pech bestreichen. Trotzdem entkam ihm die geheimnisvolle Schönheit, aber einer ihrer goldenen Schuhe blieb kleben.

Er hob ihn auf und sagte: »Keine andere soll meine Braut werden, als die, an deren Fuß dieser goldene Schuh passt.«

Also ließ er überall im Königreich nach dem Mädchen suchen, dem der Schuh passen könnte. Er kam auch zu Aschenputtels Haus, und die Stiefschwestern freuten sich schon. Sie schminkten und parfümierten sich besonders sorgfältig und gaben sich ganz zierlich. Das half aber alles nichts, denn der Schuh passte weder der einen noch der anderen. Die Älteste ging in ihre Kammer, um ihn anzuprobieren, konnte mit der großen Zehe aber nicht hineinkommen. Da reichte ihr die Mutter ein Messer und sprach: »Hau die Zehe ab; wenn du Königin bist, brauchst du sowieso nicht zu Fuß zu laufen!«

Die Tochter folgte dem Rat, zwängte den Fuß in den Schuh, verbiss den Schmerz und ging hinaus zum Königssohn. Der zog sie auf sein Pferd und ritt mit ihr fort. Als sie am Haselbäumchen vorbeikamen, riefen zwei Tauben:

»Rucke di guck, rucke di guck,
Blut ist im Schuck (Schuh),
Der Schuck ist zu klein,
die rechte Braut sitzt noch daheim.«

Der Königssohn sah, wie das Blut aus dem Schuh quoll; er wendete sein Pferd und brachte die falsche Braut zurück. Da probierte die jüngere Schwester den Schuh. Die Zehen rutschten gut hinein, aber die Ferse war zu dick. Da reichte ihr die Mutter ein Messer und sagte, »Hau ein

Stück von der Ferse ab, wenn du Königen bist, musst du sowieso nicht mehr zu Fuß laufen und fährst nur noch in der Kutsche!«

Da schnitt sich das Mädchen ein Stück von der Ferse ab und zwängte den Fuß in den Schuh hinein – so ist das, wenn man das Schicksal erzwingen will. Der Königssohn hob sie auf sein Pferd, aber als sie beim Haselstrauch vorbeiritten, riefen die Tauben abermals:

»Rucke di guck, rucke di guck,
Blut ist im Schuck,
Der Schuck ist zu klein,
die rechte Braut sitzt noch daheim.«

Wieder sah der Königssohn das Blut herausquellen, wieder musste er die falsche Braut zurückbringen.

»Das ist nicht die rechte!«, sprach er zu dem Vater. »Habt Ihr keine andere Tochter?«

»Nein«, antwortete der Mann, »nur noch die Tochter meiner verstorbenen Frau. Aber sie ist ein verbuttetes – also zurückgebliebenes – Aschenputtel; sie kann unmöglich eure Braut sein.«

Der Königssohn wollte Aschenputtel sehen. Aber die Mutter sprach, »Ach nein, sie ist viel zu schmutzig, sie darf sich nicht sehen lassen«.

Aber der Königssohn ließ nicht locker. Tatsächlich passte dem schmutzigen, in Lumpen gehüllten Mädchen der Schuh wie angegossen. Als sie sich aufrichtete und er ihr Gesicht sah, erkannte er sie sofort wieder und rief: »Das ist die rechte Braut!«

Die beiden Schwestern wurden bleich vor Wut.

Er hob Aschenputtel auf sein Pferd und als sie am Haselstrauch vorbeiritten, gurrten die Tauben:

»Rucke di guck, rucke die guck,
kein Blut ist im Schuck;
Der Schuk ist nicht zu klein,
die rechte Braut führt er heim.«

Als bald danach die Hochzeit gefeiert wurde, kamen auch die falschen Schwestern. Beim Brautgang in die Kirche flogen die Tauben herbei und pickten ihnen die Augen aus. Und so waren sie für ihre Bosheit und Falschheit mit Blindheit auf ihr Lebtag gestraft.

Auch in diesem Märchen begegnet man einer reichhaltigen Symbolik. Wieder einmal wird auf den Hasel hingewiesen als eine Pflanze, die mit der Anderswelt verbindet.

Drei Anläufe braucht es, bis der Königssohn seine Auserwählte behalten kann. Im Taubenhaus – Symbol des Kopfes, mit seinen flatternden Gedanken – findet er sie nicht. Auch nicht im Birnenbaum – die reifen Birnen symbolisieren die Süße der Gefühle. Erst mit dem Schuh wird sie sein. Der Schuh symbolisiert das richtige Verhältnis zur Erde – das mit beiden Füßen fest auf dem Boden stehen. Der passende Schuh ist aber auch ein Bild für ein einvernehmliches Geschlechtsleben. Sie ist der richtige Schuh für ihn; oder wie man in Frankreich sagt: Il a trouver chaussure à son pied.

Es gibt aber auch eine metaphysische Dimension dieses Märchens. Es deutet auf das Wesen unserer Seele hin. Im grauen, arbeitsschweren Alltag trägt diese einen schmucklosen, staubigen Kittel, aber am Abend – wenn wir einschlafen und in die Götterwelt reisen – kleidet uns der Kosmos in ein strahlendes Kleid aus Gold und Silber, das unserem wahren Wesen entspricht. Es ist das Gold der Sonne, das in uns zur sonnenhaften Weisheit wird; es ist das Silber des Mondes, das in uns zu mondhafter Empfänglichkeit und Hingabe wird. Es ist ein Sternenkleid, aus dem die Urbilder hervorleuchten. Manche Märchen erzählen uns, dass das Kleid aus allerfeinster Seide gewoben sei. Aber was ist denn Seide anderes als Himmelslicht von Pflanzen eingefangen und von Raupen gefressen, die dann die Fäden hervorbringen, um sich darin einzuspinnen, damit sie schließlich fliegen können. In einem solchen gold- und silberfarbenen Lichtgewand wird die Seele mit unserem Geist, unserem wahren Selbst, die heilige Hochzeit feiern können.

Das Märchen spricht zugleich von der Beseeltheit der Natur, wie man sie einst empfand. Der Mikrokosmos Mensch und der Makrokosmos der Natur folgen nämlich den gleichen Gesetzen. Im trostlosen grauen Winter bedeckt Schnee das Land wie Asche. Aber dann kommt der Sonnenheld und erlöst seine schlafende Braut mit seinem warmen Kuss. Die Naturgöttin wirft das Grau ab und kleidet sich in ein prächtiges lichthaftes Hochzeitsgewand aus bunten Blumen und grünem Laub.

Das Märchen vom Aschenbrödel wird in verschiedenen Fassungen in ganz Europa erzählt. Meistens kennt man nur die französische Version, *Cindrillon* oder die englische *Cinderella,* die auch von Walt Disney verfilmt worden ist. Statt der toten Mutter und ihrem Seelenvogel, ist es bei Disney eine Fee, die mit einem Zauberstab diese Wunder vollbringt. Sie zaubert Cinderella einen Kürbis, der zur Kutsche wird. Mäuse und Eidechsen werden in Pferde und Lakaien verwandelt. Ihre Schuhe sind Glaspantoffeln. Diese Version ist nicht so alt wie die der Gebrüder Grimm, das zeigt schon der Kürbis, denn diese Feldfrucht war vor der Entdeckung Amerikas in der Alten Welt unbekannt.

Brennnessel: Schwanenflug im Hier und Jetzt

Schon in der Altsteinzeit stellten die Menschen aus Brennnesselfasern Stricke, Fischernetze oder Schlingen zum Fangen von Tiere her. Auch die Netze, in denen sie ihre Habseligkeiten transportierten, waren daraus gemacht. Sogar in der Sprache hat diese Pflanze ihre Spuren hinterlassen: Das Wort Nessel ist etymologisch mit den Worten Netz, nesteln (schnüren), nähen und Nadel verwandt. Im heidnischen Europa wurde die Brennnessel ebenso wie Flachs, Hanf und andere Faserpflanzen, der Großen Göttin zugeordnet, da diese für das Spinnen, Weben und Tuchmachen zuständig war.

Sicherlich galt die Brennnessel schon immer als eine besondere Pflanze, da das Brennen einen starken Eindruck hinterlässt. Auch dass sie harntreibend und entschlackend wirkt, war unseren Vorfahren wohl kaum entgangen. Ein Aufguss aus dem Kraut oder das Peitschen der betroffenen Stellen mit Nesselruten – die sogenannte

Urtikation – hilft bei Gliederreißen (Rheuma), das oft eine Folge des Lebens auf kalten Böden war. Wahrscheinlich wussten unsere Vorfahren auch, dass Brennnesselsamen die sexuelle Potenz und die Libido erhöhen können.

Geomanten sagen, dass die Brennnessel besonders üppig wächst, wo die Wünschelrute ausschlägt, also auf Stellen mit erhöhter Erdstrahlung oder wo sich Wasseradern kreuzen. Das sind nicht nur Orte, wo der Blitz häufiger einschlägt, sondern auch Orte, an denen manche Menschen empfänglicher für bestimmte Eingebungen werden. Vielleicht ist dies der Grund, warum hochsensitive Menschen bei Brennnesselhorsten gelegentlich die Anwesenheit von Naturgeistern oder dämonischen Wesen spüren. So beteuern die Roma in Siebenbürgen, dass dort kleine hässliche, dicht behaarte Erdmännlein, die Pcuvvush, ein- und ausgehen. Das sind garstige, clevere Zwerge, die manchmal Säuglinge stehlen, auswechseln oder krank machen. Mit Zwiebeln und Knoblauch hält man sie fern. Gerne bespringen sie Bäuerinnen, die sich in der Nähe der Brennnesselhorste aufhalten. Die Frauen bemerken es kaum, außer dass sie sich dabei etwas schwummrig fühlen. Die unsichtbaren Männlein haben drei goldene Haare auf dem Kopf. Wem es gelingt, solch ein Haar zu ergattern, der wird Steine in Gold verwandeln können.

Auch der Teufel der Christen kennt das brennende Kraut. So heißt es in einem Kräuterbuch aus dem 16. Jahrhundert: »*›Det Kraut kenn ick‹, sagte der Deibel und setzte sich mitten in die Brennnessel!*«

Da Gleiches auf Gleiches wirkt, lässt sich die Pflanze als magisches Abwehrmittel einsetzen. In der Johannisnacht hängen die Slawen Brennnessel an die Stalltüren, sodass bösartige Astralwesen nicht eintreten können. Verhexte Kühe werden mit der Brennnessel dreimal geschlagen. Und mein Lehrer, der Bergbauer Arthur Hermes, sagte, Brennnesseln, die ums Haus herum wachsen, halten negative Strahlungen fern. Ich dachte zunächst an radioaktive oder elektromagnetische Strahlen und war skeptisch. Doch er meinte negative Gedanken, die gegen einen Menschen gerichtet sind. Früher glaubte man, ein Hemd aus Brennnesselstoff schütze vor Verzauberung. Von solchen Nesselstoffhemden und ihrer Wirkung erzählt das folgende Märchen,

Die Sechs Schwäne

Auf der Jagd verfolgte ein König einst einen Hirsch. Dabei geriet er immer tiefer in den Wald, sodass er den Anschluss an seine Jagdpartie verlor. Gegen Abend war ihm klar, dass er sich verirrt hatte. Immer verzweifelter suchte er nach einem Weg aus dem Urwald. Da traf er eine hässliche Alte mit wackelndem Kopf. Ihm war klar, dass sie eine Hexe war. Dennoch fragte er sie, ob sie ihm den Weg aus dem Wald zeigen könnte.

»O ja, König, den Weg kann ich dir zeigen. Aber nur unter einer Bedingung«, sagte sie, »du musst meine Tochter heiraten. Keine Sorge, sie ist sehr schön und würdig, eines Königs Gattin zu sein.«

Der König hatte keine Wahl, wenn er im Walde nicht Hungers sterben wollte. Die Alte führte ihn zu ihrem Häuschen, wo ihre Tochter am Feuer saß und ihn empfing, als hätte sie ihn längst erwartet. Sie war wirklich bezaubernd, aber auch unheimlich. Er hob sie zu sich aufs Pferd und ritt mit ihr los, nachdem die Alte ihm den Weg gewiesen hatte.

Bald wurde, wie versprochen, die Hochzeit gefeiert. Der König war schon einmal verheiratet gewesen und hatte mit seiner ersten Gemahlin sieben Kinder, ein Mädchen und sechs Jungen. Und weil er befürchtete, dass die Stiefmutter die Kinder nicht gut behandeln würde oder ihnen gar ein Leid antun könnte, brachte er sie in ein einsames Waldschloss. Es lag so versteckt, dass er selbst nur mit einem Wunderknäuel den Weg dorthin finden konnte. Die Garnrolle, die ihm eine weise Frau gegeben hatte, wickelte sich selber aus, um den Weg zu zeigen, und rollte sich anschließend wieder auf. So konnte er seine Kinder immer heimlich besuchen.

Weil der König so häufig alleine im Wald verschwand, wurde seine Gemahlin, die Hexentochter, misstrauisch. Um hinter sein Geheimnis zu kommen, bestach sie die Diener mit viel Geld. Als sie Bescheid wusste, nähte sie kleine weiße Hemden, so wie sie es von ihrer Mutter gelernt hatte, besorgte sich das Wunderknäuel und machte sich auf den Weg zum verborgenen Waldschloss. Die Kinder, die sie aus der Ferne kommen sahen, dachten, es sei ihr Vater, und rannten ihr entgegen. Da warf sie über jedes der Kinder ein Hemdchen. Sobald die Hemden ihre Haut berührten, verwandelten sich die Kinder in Schwäne und flogen fort. Von dem Mädchen aber, das vom Fenster aus zugeschaut hatte, wusste die böse Königin nichts, denn es war im Schloss geblieben.

In einer Zeit, in der Kleidung Massenware ist, von der wir oft weder wissen, wer sie hergestellt hat noch aus welchem Material sie besteht, können wir uns kaum mehr vorstellen, was unseren Vorfahren ihre Kleidung einst bedeutet hat. Besonders das Hemd oder Leibchen, das man unmittelbar auf der Haut trug, hatte für unsere Vorfahren schicksalshafte Dimension. Ähnlich wie bei Frau Holle, die das Schicksalshemd jedes Menschen spinnt und webt, so verhielt es sich auch bei den Handarbeiten der Frauen. Die Gesinnung, mit der sie das Garn spannen, den Stoff webten, schneiderten, färbten und nähten, übertrug sich auf das Befinden und auf die Gesundheit des Trägers. Mit Sprüchen und Liedern konnte sie ihre Segenswünsche in ein Hemd einarbeiten. Umgekehrt konnte eine boshafte, missgünstige Hexe Verderben hineinwirken. Das von einem reinen Mädchen gemachte Hemd vermochte wiederum bösen Zauber zu brechen. Noch im Dreißigjährigen Krieg glaubte man, dass ein Hemd, das von einem siebenjährigen Mädchen gefertigt wurde, unverwundbar machen würde.

Das Mädchen fühlte sich nicht mehr sicher. »Ich will gehen und meine Brüder suchen«, beschloss es und lief die ganze Nacht und auch den folgenden Tag hindurch. Gegen Abend kam es an eine Wildhütte. Todmüde wie das Mädchen war, wollte es sich nur noch hinlegen und schlafen. Doch plötzlich hörte es ein Rauschen. Sechs Schwäne kamen angeflogen. Sie schüttelten sich die Schwanenfedern vom Leib und nahmen die Gestalt ihrer Brüder an. Was für ein freudiges Wiedersehen das war! Sie glaubte ihre Brüder endlich wiedergefunden zu haben. Diese aber sagten: »Wir können nur abends, für eine Viertelstunde, unsere menschliche Gestalt annehmen. Danach sind wir wieder Schwäne.«

Das Mädchen weinte und fragte: »Gibt es denn da nichts, was man machen könnte, um euch zu erlösen?«

»Nein, nein«, sagten sie und wurden ganz traurig. »Außerdem, es wäre viel zu schwer!«

»Sagt es mir doch bitte!«, flehte das Mädchen. Die Brüder erzählten ihr, dass sie Sternenblumen pflücken müsse – also Brennnesseln – und Fäden daraus spinnen und innerhalb von sechs Jahren sechs Hemden machen.

»Und während der ganzen Zeit darfst du weder sprechen noch lachen. Kommt ein einziges Wort aus deinem Mund, ist die ganze Arbeit verloren.« Kaum hatten sie das gesagt, da war die Viertelstunde auch schon herum, und sie flogen als Schwäne zum Fenster hinaus.

Die Schwester war fest entschlossen, ihre Brüder zu erlösen. In der Wildhütte konnte sie nicht bleiben. Ihre Brüder hatten sie gewarnt, die Hütte sei eine Räuberherberge. Also floh das Mädchen tiefer in den Wald. Es brach Brennnesseln, legte sie ins Wasser, um die Fasern herauszulösen, spann das Nesselgarn, wob es auf einem selbstgebauten Webrahmen und nähte Hemden. Sie aß wenig, nur Beeren und Brennnesseln.

Der Wald gehörte einem fremden König, der gerade dort jagte. Das Jagdgesinde entdeckte das Mädchen in einem Baum sitzend. »Schaut mal, da sitzt ein Mädchen im Baum!«, riefen die Leute und forderten es auf herunterzukommen, doch das Mädchen antwortete nicht.

In seiner Verzweiflung warf es seine goldene Halskette herab und hoffte, die Meute würde dann verschwinden. Aber sie ließen nicht locker. Da warf das Mädchen ihren schönen Gürtel herab, und als das nicht half, ihre Armreife, und nach und nach alles, was es anhatte und entbehren konnte, sodass es nur noch sein Leibchen anhatte. Doch auch das stellte die Jäger nicht zufrieden. Sie stiegen hoch, holten die junge Frau vom

Baum herunter und führten sie zum König. Auch auf seine Fragen, wer sie sei und was sie auf dem Baum gemacht habe, antwortete sie nicht. Sie blieb stumm wie ein Fisch.

Weil das Mädchen so schön war, verliebte sich der junge König sofort. Er wickelte es in seinen Mantel, hob es aufs Pferd und nahm es mit auf sein Schloss. Da ließ er ihm neue Kleider bringen, und das Mädchen erstrahlte in seiner Schönheit wie der helle Tag. Seine bescheidene Miene und seine Sittsamkeit gefielen dem König so sehr, dass er keine andere auf der Welt haben wollte, und sie heiratete.

Der König hatte eine böse Mutter. Die war unzufrieden mit der jungen Königin und urteilte: »Wer weiß, wo die Dirne herkommt, die weder spricht noch lacht. Sie ist deiner bestimmt nicht würdig.«

Nach einem Jahr wurde ein Kindlein geboren. Während die junge Mutter schlief, schlich sich die Schwiegermutter an die Wiege, stahl das Kindlein und schmierte dem Mädchen Blut auf die Lippen. Dann ging sie zu ihrem Sohn, zeigte auf die blutigen Lippen und beschuldigte die junge Frau ihres Sohnes, eine Menschenfresserin zu sein. Die junge Mutter konnte nichts sagen, um sich zu verteidigen. Der König war jedoch überzeugt, dass seine Frau unschuldig war. »Sie ist ein liebevoller, herzensguter Mensch. Sie würde nie und nimmer so etwas tun!«, sagte er.

Nach einem Jahr kam wieder ein Kindlein zur Welt und wieder nahm die böse Schwiegermutter das Kind weg und schmierte Blut auf die Lippen der schlafenden Mutter. Abermals glaubte der König den Anschuldigungen nicht.

Als es jedoch ein drittes Mal geschah, konnte der König seine Frau nicht länger in Schutz nehmen. Sie schwieg weiterhin und so wurde sie als Hexe zum Tode auf dem Scheiterhaufen verurteilt.

Das sechste Jahr neigte sich gerade dem Ende entgegen, als man sie zum Scheiterhaufen führte. Die Nesselhemden, die sie auf ihrem Arm trug, waren fast fertig – nur einem fehlte noch ein Ärmel. Der Scheiterhaufen war noch nicht entzündet, da hörte man plötzlich ein Rauschen in der Luft. Sechs Schwäne kamen angeflogen und landeten auf dem Platz, auf dem sich schon viele Schaulustige versammelt hatten. Das Mädchen warf jedem der Vögel ein Hemd zu und da nahmen sie Menschengestalt an. Nur der jüngste Bruder behielt einen Schwanenflügel, da sein Hemd nicht ganz fertig geworden war. Nun endlich konnte sie reden und die ganze Geschichte erzählen. Daraufhin wurde die böse Schwiegermutter anstelle der jungen Königin verbrannt und alle lebten glücklich bis ans Ende ihrer Tage.

Ein ähnliches Märchen, *Die wilden Schwäne,* hat uns Hans Christian Andersen geschenkt. Bei ihm heißt die kleine Heldin Elisa, und sie hat elf Brüder, die von der bösen Zauberin zu Schwänen mit goldenen Kronen verwandelt werden. Eines Abends trifft sie die verschollenen Brüder, die über Nacht ihre menschliche Gestalt annehmen können, am Ufer des Meeres. Diese nehmen sie, in einem Netz aus Schilf und Weidenrinde, mit auf ihrem Flug in ein fernes Land. In einem Wolkenschloss erscheint ihr eine gute Fee, die ihr verrät, wie sie ihre Brüder erlösen kann. Barfuß und mit bloßen Händen muss sie von den Gräbern im Kirchhof Brennnesseln pflücken und daraus Hemden anfertigen. Auch sie muss solange schweigen, bis die Hemden fertig sind. Der Erzbischof, der das Mädchen dabei erwischt, wie es sich auf dem Friedhof zu schaffen macht, hält es für eine böse Hexe. Auch Elisa entkommt gerade noch in letzter Sekunde dem Scheiterhaufen.

Der Segen des Seehundes

Wenn Menschen in Schwäne verwandelt werden, dann heißt das, sie haben Probleme, sich richtig im Leben zu verkörpern. Sie schweben in der Zwischenwelt und stehen nicht mit beiden Beinen auf der Erde; es fällt ihnen schwer, ihre Lebensaufgabe – die Inder würden sagen, ihr Dharma – zu erfüllen. In der Renaissance hätte man sie als lunatisch also mondsüchtig beschrieben. Den Schwanenmenschen steht zwar die jenseitige Welt offen, sie sind zu einem gewissen Grad hellsichtig, aber sie haben wenig Kontrolle darüber; manchmal sind sie einfach ein bisschen wahnsinnig. Sie sind aber auch keine Schamanen, denn diese haben Techniken erlernt, um ihre Bewusstseinszustände genau zu steuern.

Solange unsere Seele ein stoffliches Erdenkleid trägt, ist es wichtig, im Dasein auch wirklich *da* zu sein, im Hier und Jetzt. Deswegen rufen die Kinder ganz laut und eindeutig »Ja!«, wenn der kluge Kasper sie im Puppentheater fragt: »Seid ihr alle da?«

Einst schlug man Schwarmgeister, Mondsüchtige und Besessene mit Brennnesselgerten, damit sie wieder zu sich kämen. Ein alter Klosterbericht erzählt von einem jungen Mönch, der jedes Mal ekstatisch an der Decke schwebte, wenn das *Te Deum laudamus* gesungen wurde. Da mussten die Ordensbrüder ihn mit Hieben der Brennnessel wieder herunterholen. So auch im Märchen von den Schwänen: Erst als sie die Nesselstoffhemden überstreiften, konnten die jungen Königssöhne wieder menschliche Gestalt annehmen und bleiben. Der jüngste Bruder jedoch behielt einen Schwanenflügel – das heißt er blieb verträumt, geistig abwesend oder wurde bestenfalls zum »Schamanen« der Familie.

Die Brennnessel wurde in der Antike Mars, dem Gott der Krieger, geweiht. Ein Krieger muss im Kampf ganz und gar im Hier und Jetzt sein; anderenfalls verliert er sein Leben. Die Germanen weihten die brennende Staude Heimdall. Der Gott mit goldenen Zähnen und blankem Schwert bewacht die Regenbogenbrücke, die zu den Göttern führt. Überall wo ein Regenbogen erscheint, da befindet sich diese Götterbrücke. Der starke, weißglänzende Ase steht am Ende des Regenbogens und gibt Acht, dass Dämonen ihn nicht besteigen, um in den Himmel zu stürmen. Es heißt, seine Augen sind so scharf, dass er Hunderte von Meilen weit sehen kann, und sein Gehör ist so gut, dass er das Gras auf der Wiese und die Wolle auf den Rücken der Schafe wachsen hört. Er ist immer wach, er schläft so gut wie nie. Sein Vater ist der Geist, der Wind, Wotan, die Begeisterung. Und seine Mutter sind neun Seejungfern oder neun Meereswellen. Auch die Kelten, die die Küstenregionen bewohnten, kannten die neun Wellen: Die weiße Zauberin, die Seegöttin Gwenhidwy, besaß acht krause Wogen, die Schafe waren, und eine neunte Woge, die ein Widder war. Heute weiß kaum jemand mehr, was damit gemeint ist. Es sind die neun Wellen, auf denen die Geister reiten, wenn sie aus dem geistigen Urmeer kommend, an diesseitigen Gestaden landen. Was für die Festlandvölker die neun Äste oder Wurzeln des Schamanen- oder Weltenbaumes sind, waren für die Seevölker, neun Wellen. Wenn man, als Schamane, Totenseele oder im Tiefschlaf wieder in die geistige Welt zurückkehrt, dann surft man auf diesen neun Wellen hinaus, und auf neun Wellen reitet man wieder zurück ins Dasein.

Heimdall, dessen Tierform eine Robbe oder ein Seehund ist, kam aus den tiefsten Tiefen des Seins und ritt die neun Wellen, um im Hier und Jetzt zu landen. Die Brennnessel, deren Berührung uns augenblicklich in dieses Hier und Jetzt bringt, ist passenderweise ihm geweiht.

Im angelsächsischen Neunkräutersegen, dem *Lacnunga* aus dem 11. Jahrhundert n. Chr., wurden die Sprüche aufgeschrieben, mit denen die neun wichtigsten Heilkräuter besprochen werden, die der Schamanengott Woden (Wotan, Odin) verwendete, um einen bösen Wurm (Krankheitsdämon), der Menschen töten kann, zu vertreiben. Eines dieser neun Kräuter ist Wergulu, die Brennnessel, die ja auch zur Herstellung von Textilien verwendet wurde. (Der Name ist verwandt mit unserem Wort Werg; Wergfasern sind minderwertige Textilfasern.) Der Spruch lautet:

Dies ist die Wurz (Heilkraut), die Wergulu heißt,
das entsandte der Seehund über den Rücken der See
zur Hilfe gegen die Bosheit von einem anderen Gift;
es hat Macht gegen drei und gegen dreißig,
gegen die Hand des Feindes und gegen unheilvolle Machenschaften
und gegen die Behexung (Verzauberung)
durch unholde Wesen.

Der Seehund, der die Brennnessel bringt, ist Heimdall, und die Gifte könnten alle möglichen Astral- oder Mentalgifte sein, mit denen machtgierige Zauberer hantieren. Die Brennnessel ist *die* Pflanze, die gegen Verzauberung hilft. Ich finde, sie ist eine der stärksten psychedelischen – das heißt »geistbewegenden« – Pflanzen überhaupt.

Sie verhilft uns ins wache Bewusstsein und ist deshalb wohl eines der besten Heilmittel für chronisch schwebende Esoteriker.

Ein weiteres Brennnessel-Märchen ist das von der Jungfrau Marleen. Es handelt sich um ein altes skandinavisches Märchen. Die Gebrüder Grimm haben eine Version aus Holstein aufgeschrieben. Die Geschichte deutet an, dass diese Schuttpflanze in Zeiten bitterer Not eine vitaminreiche Nahrungsquelle sein kann. Es ist aber auch eine Geschichte, die von Schein und Sein erzählt.

Jungfrau Marleen

Die Jungfrau Marleen liebte einen Königssohn. Ihr Vater jedoch hatte einen anderen Fürsten für sie ausgewählt. Sie aber blieb beharrlich und sagte: »Ich will keinen anderen heiraten. Ich liebe nur diesen einen.«

Als der Vater das hörte, wurde er zornig und sperrte sie zusammen mit einer Dienstmagd in einen Turm. Sieben Jahre gab er ihr, um es sich anders zu überlegen. Auch genügend Wasser und Brot, damit sie diese Jahre überleben würden. Doch obwohl sie weder das Licht der Sonne noch das des Mondes sehen konnte, blieb sie dabei, nur den einen zu lieben.

Nach sieben Jahren gingen die Nahrungsmittelvorräte langsam zur Neige. Die beiden Gefangenen hörten aber niemanden, der das eiserne Tor öffnete oder ein Loch in den Turm hämmerte.

Da sagte die Jungfrau Marleen: »Vielleicht haben sie uns vergessen. Wir müssen versuchen selber herauszukommen.« Mit ihren Brotmessern und Löffeln kratzten sie den Putz zwischen den Steinen weg und versuchten sie zu lockern. Und nach einiger Zeit gelang es ihnen, einen Stein zu lösen, dann einen zweiten und bald war ein Loch in der Mauer, durch das sie hinausschlüpfen konnten. Da sahen sie, dass das ganze Land verwüstet war. Die Stadt war niedergebrannt, die Burg geschliffen. Viele Menschen waren geflohen, doch die meisten waren erschlagen worden. Draußen hatte ein Krieg stattgefunden. Da zogen die Jungfrau und ihre Zofe los – und hatten nichts zu essen als Brennnesseln.

Nach langer Wanderung kamen sie in ein fremdes Land und fanden im Schloss eine Anstellung als Küchenmägde. Es war zufällig das Schloss vom Vater ihres Herzallerliebsten. In der Küche mussten die beiden jungen Frauen schwere Aschenputtel-Arbeiten verrichten.

Inzwischen hatte der Schlossherr eine andere Braut für seinen Sohn gefunden. Diese, hieß es, war so hässlich, wie sie böse war. Aber sie war eine gute Partie. Sie hatte reiche Eltern, und der Machtzuwachs war für beide Familien garantiert. Die Braut reiste an und Jungfrau Marleen wurde ihr als Dienerin zugeteilt. Wie es der Brauch war, sollte der junge Königssohn seine Braut erst bei der Vermählungsfeier zu Gesicht bekommen.

Als der Tag der Vermählung gekommen war, bekam die Braut Bedenken. Sie schämte sich ihrer Hässlichkeit. In ihrer Verzweiflung entschied sie: »Ich trete nicht gerne in die Öffentlichkeit. Die werden mich verkennen und verspotten. Ich werde meine Dienerin an meiner Stelle schicken, um die Hochzeit zu vollziehen.«

In der ursprünglichen, skandinavischen Fassung heißt es nicht, dass die Braut hässlich war, sondern dass sie von einem anderen schwanger war und ihr deswegen das Brautkleid nicht passt. Da ihre Dienerin, die Jungfrau Marleen, ihr ähnlich sieht, zwingt sie diese, das Brautkleid an ihrer Stelle zu tragen. Doch bleiben wir bei der Grimmschen Fassung:

Jungfrau Marleen weigerte sich, den Betrug mitzumachen.
»Du musst! Du hast keine Wahl«, sagte die hässliche Braut. »Ich gebe dir auch etwas Geld dafür.«
»Auch für Geld mache ich es nicht!«, lautete prompt die Antwort.
»Gut, dann lasse ich dir den Kopf abschlagen!«, drohte die andere und meinte es ernst. Also zog Marleen das Brautkleid an und begab sich auf den Weg zur Kirche. Da blieb sie an einem Brennnesselbusch stehen und sagte:
»Brennnesselbusch, Brennnesselbusch so klein,
was stehst du hier allein.
wie oft hab ich dich ungesalzen
und ungeschmalzen gegessen!«
Der Königssohn, der neben ihr schritt, fragte sie, was sie eben gesagt habe. Sie antwortete: »Nichts weiter. Ich habe nur an die Jungfrau Marleen gedacht.«
Da war er ganz verwundert, dass sie von ihr wusste, sagte aber nichts.
Als sie an den Steg vor dem Kirchhof kamen, sprach sie:
»Kirchsteg, brich nicht,
bin die rechte Braut nicht!«

»Was sprichst du da?«, fragte der Königssohn.

»Nichts, ich dachte nur an die Jungfrau Marleen.«

»Kennst du sie etwa?«, fragte er, und sie antwortete: »Ich habe nur von ihr gehört.«

Als sie an die Kirchtür kamen, sprach sie abermals:

»Kirchentür, brich nicht,
bin die rechte Braut nicht!«

Der verwunderte Königssohn fragte sie wieder, was sie gesagt hätte, und wieder antwortete sie, sie hätte an die Jungfrau Marleen gedacht. Ehe sie in die Kirche traten, legte er ihr eine kostbare Halskette um den Hals und hakte sie fest, dann traten sie ein und wurden vermählt.

Zurück in der Kammer legte sie die prächtigen Kleider und ihr Geschmeide – bis auf den Halsschmuck – wieder ab und zog den grauen Kittel an. Ihrer Herrin musste sie alles berichten. Diese freute sich, denn nun war sie Königin.

In der Nacht ging sie ins Ehegemach, behielt den Schleier aber an, damit der Betrug nicht auffallen würde. Der Königssohn fragte sie, was sie zu dem Brennnesselbusch gesagt habe.

»Zu welchem Brennnesselbusch? Ich rede doch nicht mit Brennnesseln!«, sagte sie erstaunt.

»Wenn du es nicht getan hast, dann bist du nicht die rechte Braut!«, erwiderte er. Da sprach sie: »Ich muss hinunter zu meiner Magd, die mir meine Gedanken trägt.«

Sie ging hinaus und fuhr die Jungfrau Marleen an: »Dirne, was hast du zu dem Brennnesselbusch gesagt?«

Jungfrau Marleen sagte es ihr. Darauf lief die falsche Braut wieder in das Ehegemach. Aber der Bräutigam war noch nicht zufrieden. Er wollte auch wissen, was sie zum Kirchsteg gesagt hatte. Wieder musste sie hinunter zu der Magd, die ihre Gedanken trug. Auch was sie zur Kirchentür gesprochen hätte, wollte er wissen. Wieder musste sie hinunter, um ihre Magd zu fragen.

»Ich sagte nichts als Kirchentür brich nicht, bin die richtige Braut nicht!«

»Das bricht dir den Hals!«, rief die Braut und war außer sich vor Zorn. Sie eilte zurück zu ihrem Bräutigam, der immer misstrauischer wurde und sagte, »Jetzt weiß ich, was ich zu der Kirchentür gesprochen habe«, und wiederholte die Worte.

»Aber wo hast du das Geschmeide, das ich dir an der Kirchentür gab?«, fragte der Bräutigam. Als sie fragend rief: »Welches Geschmeide?«, wusste er, dass sie die falsche Braut war. Er zog ihr den Schleier vom Gesicht und erschrak, weil sie so hässlich war.

»Wer bist du?«, rief er entsetzt. Da erzählte sie ihm, dass sie seine verlobte Braut sei, aber, da sie sich nicht in die Öffentlichkeit traute, die Dienerin als ihre Stellvertreterin zum Traualtar geschickt hatte.

»Und wo ist das Mädchen?«, fragte er, »Ich will es sehen, geh und hole es!« Sie ging hinaus und gab den anderen Dienern den Befehl, die Jungfrau Marleen fortzuschleppen und zu köpfen. Marleen aber schrie so laut, dass der Königssohn es hörte und herbeieilte. Als er entdeckte, dass sie das goldene Geschmeide um den Hals trug, erkannte er seine rechte Braut. Er erfuhr auch, dass sie die Königstochter war, die er schon immer geliebt hatte und die seinetwillen sieben Jahre in der Finsternis gesessen und viel Not erlitten hatte.

Das Motiv von der Jungfrau, die für längere Zeit in einem Turm eingeschlossen wird, findet sich in mehreren Märchen. Ein Beispiel ist *Dornröschen,* das mit 15 Jahren in den Schlossturm steigt, einen verrosteten Schlüssel zu einer Tür findet, diese öffnet und eine alte Frau entdeckt, die Flachs spinnt. Sie sieht zum ersten Mal eine Spindel, will spinnen lernen, sticht sich und fällt in einen tiefen Zauberschlaf. Auch *Rapunzel* wird, als sie zwölf Jahre alt ist, von der Frau Gothel, der alten Zauberin, abgeholt und in einen Turm gesperrt. Märchenforscher haben dafür verschiedene Deutungen. Eine Möglichkeit ist eine Erinnerung an den Brauch, die reifenden Mädchen unter Aufsicht einer Stammesältesten in abgesonderten Pubertätshütten oder -türmen von der Gesellschaft zu isolieren, um sie in das Erwachsenenwissen und ihre Geschlechterrolle einzuführen. Anschließend sind sie dann heiratsfähig. Interessant im Rapunzel-Märchen ist der Name, Frau Gothel. Gode und Gudja sind Bezeichnungen für germanische Priesterinnen. Zauberer und Zauberinnen, heißt es bei den Kelten, bewohnen hohe Türme. Frau Gode (*englisch:* Mother Goda) ist übrigens auch einer der Namen von Frau Holle.

Von Gänseblümchen, Beifuß und Pferden

Im germanischen, baltischen und slawischen Siedlungsraum war es Aufgabe der jungen Mädchen, die Gänse zu hüten. Sie trieben das Federvieh auf den Dorfanger und passten auf, dass sie nicht fortliefen oder ein Hund oder Fuchs ihnen etwas zuleide tat. Der Anger (*englisch:* village green; *slawisch:* Planá), die grüne gemeinschaftlich genutzte Grasfläche, bildete die Mitte des Dorfes. Hier wurden die Osterfeuer entzündet, Gottesdienste, Dorfgericht und der Dorfthing abgehalten, hier spielten die Kinder, hier bleichten die Wäscherinnen ihre weiße Leinenwäsche. Der grüne Dorfanger bedeutete, wie kaum ein anderer Platz, Heimat für die Menschen. Auf einem Stück heimatlichen Rasen konnte man einen Eid schwören. (In den USA haftet dem Rasen, der praktisch jedes Haus umgibt, etwas Kultisches an. Wehe, wenn man ihn nicht sorgsam mäht, pflegt, düngt und bewässert! Die grüne Fläche ist wahrscheinlich die unbewusste Erinnerung an die feuchte Landschaft und an die Dorfanger im Norden Europas, wo die meisten Siedler herkamen.)

Auf dem Anger schnäbelten die Gänse das Gras und hielten es kurz. Es entstand dadurch eine kurz geschorene Grünfläche, ein Ökotop, auf dem die Gänseblümchen (Maßliebchen) prächtig gediehen. Diese freundlichen Blümchen waren in vorchristlichen Zeiten der Freya, der schönen Göttin, geweiht. Auch galten sie als Ausdruck der Blumengöttin, die mit dem jungen Sonnengott Bel vermählt ist. Ein anderer Name für das Gänseblümchen lautet Sonnenbraut. Die Blüten, die sich beim Sonnenschein öffnen und der Sonne zuwenden, werden in den nordischen Ländern Baldurs Braue oder Baldurs Auge genannt, und in England, Daisy (*kurz für* day's eye *also* Auge des Tages). Die Kirche taufte die Blume Marienblümchen und gliederte sie, mit einer süßen Fabel, in den christlichen Kosmos ein: Als das Jesuskind für seine Mutter die Blümchen pflückte, verletzte es sich am Finger; etwas Blut tropfte auf die weißen Strahlenblüten und färbte sie am Rande hellrot.

Wie wir schon gehört haben, waren Gänse der Frau Holle, der Gänsemutter (*englisch:* Mother Goose), heilig. In diesem Zusammenhang ist es verständlich, dass die Göttin, die anderswo als altes Weib oder als wunderschöne Fee erscheinen kann, sich auch als junge Gänsemagd zeigt. Die göttliche Gänsemagd in uns muss die auseinanderstrebenden, ungezügelten Sinne, Triebe und Emotionen zügeln und führen. Im folgenden Märchen schimmert das Urbild der Göttin hindurch:

Die Gänsemagd

Es lebte einmal eine alte, verwitwete Königin, die hatte eine schöne Tochter, die einem fremden Königssohn versprochen war. Als die Zeit kam, wo sie vermählt werden und ins fremde Reich reisen sollte, packte die Königin viel goldenes und silbernes Geschmeide, Edelsteine und was sonst alles noch in den Brautschatz gehört. Sie gab ihrer Tochter eine Kammerjungfer bei, die mitreisen und die junge Braut in die Hände des Bräutigams überliefern sollte. Jede bekam ein Pferd für die Reise; das der Königstochter hieß Falada und konnte sprechen. Als die Abschiedsstunde kam, schnitt sich die Mutter in einen Finger und ließ drei Blutstropfen in ein weißes Tüchlein tropfen. Sie sprach: »Liebes Kind, bewahre sie wohl, sie werden dir unterwegs not tun.«

Die Königstochter steckte das Tüchlein an ihren Busen und stieg aufs Pferd. Nachdem sie eine Weile geritten waren, bekam sie Durst, denn es war heiß.

»Steig ab«, sprach sie zu ihrer Dienerin, »schöpfe mir mit dem Becher, den du für mich mitgenommen hast, Wasser aus dem Bach, ich möchte etwas trinken.«

»Wenn Ihr Durst habt, dann steigt selber ab, ich möchte Eure Magd nicht mehr sein!«, antwortete diese jedoch schnippisch. Da stieg die Königstochter selber ab, neigte sich über das Wasser und trank. Da raunten die

drei Blutstropfen: »Wenn das deine Mutter wüsste, das Herz im Leibe tät' ihr zerspringen.«

Dann ritten sie etliche Meilen weiter. Die Landschaft flimmerte vor Hitze. Sie kamen an einen Wasserlauf, und wieder bat die Königstochter die Kammerjungfer um einen Trunk. Sie hatte die bösen Worte schon längst vergessen. Die Dienerin antwortete aber noch eine Spur hochmütiger: «Wollt Ihr trinken, so trinkt allein, ich mag nicht Eure Magd sein.«

Wieder stieg das Mädchen von seinem Pferd und beugte sich über das Wasser, um zu trinken. Da rutschte ihr das Tüchlein mit den drei Blutstropfen aus dem Ausschnitt und trieb fort. In ihrer Aufregung hatte sie es nicht bemerkt. Der Kammerjungfer war das jedoch nicht entgangen. Sie freute sich diebisch, denn nun hatte sie Gewalt über die Königstochter. Mit dem Verlust der Blutstropfen war diese schwach und machtlos geworden.

Als die Prinzessin wieder auf ihr Pferd steigen wollte, da sagte die Kammerfrau: »Auf Falada gehöre ich und auf meinen Gaul gehörst du!«

Mit harten Worten befahl sie ihr außerdem, die königlichen Kleider auszuziehen und die schlechteren anzulegen. Daraufhin musste sie schwören, am königlichen Hof keinem etwas davon zu erzählen. Hätte sie diesen Eid nicht abgelegt, wäre sie auf der Stelle getötet worden. Falada sah alles und merkte es sich.

Warum ließ der Verlust der drei mütterlichen Blutstropfen die Königstochter machtlos werden? Um das zu verstehen, müssen wir wissen, was Blut in jenen Zeiten bedeutete: Zum einen besagt es

Leben; das Blut macht es einer Seele möglich, im Körper zu bleiben. Verlust des warmen Blutes bedeutet Verlust des Lebens. Zum anderen verbindet das Blut mit den Ahnen, dem Familien- und Stammesgeist. Man glaubte, das Blut im Leib eines Menschen sei dasselbe Blut, das bereits durch die Adern der Vorfahren geflossen war. Blut erkennt Blut, hieß es. Wenn man wissen wollte, wer der verstorbene Vater eines Kindes war, dann träufelte man das Blut des Kindes auf die Gebeine des Toten. War es der wirkliche Vater, dann saugten die Knochen das Blut des Kindes auf, ansonsten nicht. Gute, edle oder mutige Taten verbessern das Blut und somit das Schicksal der Sippe, während schlechte Taten, Lug und Trug, das Blut verderben können. Goethe streift den Gedanken im *Faust*, wenn Mephisto beim Osterspaziergang sagt, »*... ungerechtes Gut befängt die Seele, zehrt auf das Blut*«. Man versuchte die Reinheit des Blutes zu wahren, indem man die Söhne und Töchter mit ebenbürtigen, tugendhaften Ehepartnern vermählte.

Heutzutage sehen wir das ganz anders. Für uns sind es die Gene, die uns mit den Vorfahren verbinden. Sie werden gemäß der Vererbungsregeln von Georg Mendel (1822–1884) weitergegeben. Bei den alten Europäern dagegen war es das »Blut«. »*Blood is thicker than water*«, lautet ein altes englisches Sprichwort, das Kaiser Wilhelm, seine Mutter war Engländerin, eindeutschte, um die Stammverwandtschaft von Deutschen und Engländern hervorzuheben – »Blut ist dicker als Wasser«, heißt es seither auch in Deutschland.

Mit dem Verlust der drei Blutstropfen – hier kommt die magische Zahl Drei vor – verliert die Königstochter also die Verbindung zu dem Segen ihrer Ahnen.

Als sie endlich in dem königlichen Schloss eintrafen, sprang der Königssohn seiner vermeintlichen Braut entgegen, hob sie vom Ross und führte sie die Treppe hinauf. Die wahre Königstochter musste unten stehen bleiben. Dem alten König, der zum Fenster hinausgeschaut hatte, entging nicht, wie fein und schön die zurückgebliebene Maid war. Da ging er ins königliche Gemach und fragte die Braut, wer das da unten sei.

»Ach die«, sagte sie, »die hab ich mir unterwegs zur Unterhaltung mitgenommen. Gebt der Magd etwas zu arbeiten, damit sie nicht müßig herumsteht.«

Da musste sie als Magd einem kleinen Jungen namens Kürdchen helfen, die Gänse zu hüten. Die falsche Braut hatte Angst, dass Falada, das sprechende Pferd, den Betrug verraten könnte. Deswegen bat sie den jungen König, dem Pferd den Kopf abschlagen zu lassen: »Lass den Schinder rufen, das Pferd hat mich unterwegs geärgert!«

Die wahre Königstochter erfuhr davon und versprach dem Schinderknecht (Abdecker) heimlich etwas Geld, wenn er ihr einen Gefallen tue. Er solle den Kopf des Pferdes über das finstere Tor in der Stadtmauer nageln, wo sie abends und morgens die Gänse hindurchtrieb. Und so geschah es.

Früh am Morgen, wenn sie mit Kürdchen die Gänse durch dieses Tor trieb, sprach die Jungfrau im Vorbeigehen:

»O du Falada, da du hangest!«
Da antwortete der Pferdekopf,
»O du Jungfer Königin, da du gangest,
wenn das deine Mutter wüsste,
ihr Herz tät ihr zerspringen«.

Der Name des Pferdes, Falada, sollte uns aufhorchen lassen. Er ist verwandt mit Veleda, dem Namen der berühmten Prophetin aus dem Niederrheingebiet, die schon Tacitus erwähnt hat. Diese Bezeichnung geht wiederum auf das keltische Wort filid (*nominativ plural von* fileada) zurück, das Seher, Wahrsager und Dichter bedeutet. Auch die Bezeichnungen für germanische Seherinnen wie Wala oder auch Walburga sind sprachlich verwandt. Kein Wunder: Galten Pferde bei den Kelten, Germanen, Balten und Slawen doch als hellsichtige, weissagende, göttliche Tiere. »*Die Rosse merken es zuerst!*«, ist ein altes Sprichwort. Dass Pferde hellsichtig sind, Geister und Spukgestalten sehen und dass sie sprechen können, wurde von unseren Vorfahren nie in Frage gestellt. Der römische »Ethnologe« Tacitus, der die Germanen beschrieb, berichtet, dass sie Pferde in heiligen Hainen hielten und dass die Priester aus ihrem Schnauben, Wiehern und dem Schaben ihrer Hufe die Zukunft herauslesen konnten. Bis in die jüngste Zeit machten es die Bauern immer noch so. So heißt es etwa in Österreich, dass in dem Haus, vor dem ein Pferd wiehert, bald eine Braut sein werde. Auch dass Pferde sprechen können, glaubt man noch mancherorten. Im Emmental ist man überzeugt, dass die Rosse in der Mitternachtsstunde an Weihnachten reden können.

Pferde waren außerdem bevorzugte Opfertiere der Waldvölker. Doch nur zu besonderen Gelegenheiten wurden totemische Feste, *Blot*-Rituale, gefeiert, bei denen man ihr Fleisch aß, um ihre Kraft aufzunehmen. Der heidnische Brauch, Pferdefleisch zu essen, wurde besonders von Papst Gregor II. Bonifatius und Karl dem Großen strengstens verboten – und dieses Verbot gilt praktisch bis heute. Die Schädel der geopferten Pferde wurden auf Stangen gesetzt, oder – insbesondere bei den Germanen – über dem Windauge aufgehängt, dem Tor zur Welt der Geistwesen. Auf diese Weise schützten sie den Geistereingang vor unholden Wesen und ließen nur gute Geister herein. Auch vor Seuchen und Blitzeinschlag sollten sie schützen. In Norddeutschland waren es zwei Pferdeköpfe, Hengis und Horsa genannt, die man noch heute als hölzernen Giebelschmuck vorfindet. In Deutschland, Österreich und Südtirol kennt man sie auch vom Logo der Raiffeisengenossenschaften und Volksbanken.

Bei der Morgen- und der Abendstunde, in der die Gänsemagd die Gänse durch das Tor treibt, handelt es sich um die magische Zwischenzeit, zwischen Tag und Nacht. In dieser Zeit, kurz vor Sonnenaufgang, kommunizieren die gut gesinnten Geistwesen, die Engel, mit uns. Es ist in dieser Zeit, wie auch in der heiligen Feierabendstunde, in der die Königstochter mit Falada redet.

Jeden Morgen, nachdem sie die Gänse auf die Wiese gebracht hatten, setzte sich die Königstochter hin und machte ihre Haare auf. Die leuchteten wie eitel Gold. Das kleine freche Kürdchen hätte ihr gerne einige dieser goldenen Haare ausgezupft. Doch sie sprach sogleich:

»Weh, weh, Windchen,
nimm Kürdchen sein Hütchen
und lass'n sich mit jagen,
bis ich mich geflochten und geschnatzt
und wieder aufgesatzt.«

Da kam jedes Mal ein so starker Wind auf, dass es dem Buben sein Hütchen wegwehte und er hinterherlaufen musste, und zwar so lange, bis sie mit dem Kämmen und Aufstecken fertig war. Das verärgerte Kürdchen so sehr, dass er nicht mehr mit ihr redete. Am nächsten Morgen, als sie in der Dämmerung wieder durch das finstere Tor gingen, sprach die Gänsemagd erneut mit dem Pferdekopf. Und wieder rief sie den Wind herbei, als sie ihre langen goldenen Haare kämmte und flocht, damit Kürdchen seinem Hut nachlaufen musste. Wieder konnte er ihr keines ihrer Haare ausraufen.

Die Haare der Königstochter sind golden. Gold galt immer als zur Sonne gehörig. In Goethes *Faust II* sagt der Astrologe: »*Die Sonne selbst, sie ist lauteres Gold.*« Gold bedeutet Erleuchtung und Weisheit – Herzensweisheit, nicht Kopfwissen. Für die Kirchenväter war Gold Symbol des göttlichen Königtums.

Zu gerne hätte sich das kleine Kürdchen einige dieser Haare angeeignet. Aber die Goldhaarige hat Macht über die Elemente, sie kann den Wind rufen, der ihm den Hut vom Kopf weht. Der Name Kürdchen ist die Koseform für Konrad – »der kühne Ratgeber«. Der kühne Ratgeber mit seinem Hütchen deutet auf das alltägliche Kopfwissen, die Ratio, hin, die das erleuchtete Wissen, die Weisheit gerne besitzen würde, die ihr aber immer wieder entgleitet. Egal wie sehr der Knabe sich bemüht, er kann das Weisheitslicht nicht ergreifen, und das macht ihn wütend.

Abends, nachdem sie heimgekommen waren, ging Kürdchen zum alten König und sagte: »Ich will nicht länger mit der Gänsemagd Gänse hüten!«

»Warum?«, fragte der König.

»Sie ärgert mich den ganzen Tag«, sagte er und erzählte, dass sie morgens mit dem Kopf des Gauls sprach und dass er, wenn das Mädchen seine Haare kämme, seinem Hut nachlaufen müsse, weil sie den Wind rufe.

Der alte König befahl ihm dennoch, am nächsten Tag wieder die Gänse zu hüten.

Am nächsten Morgen versteckte sich der alte König hinter dem finsteren Tor und hörte die Zwiesprache zwischen dem Mädchen und Falada. Auch was sich auf der Wiese abspielte, bekam er unbemerkt mit. Am Abend rief er die Gänsemagd zu sich und fragte, warum sie all das tue?

Sie antwortete: »Das darf ich Euch nicht sagen und darf auch keinem Menschen mein Leid klagen, denn so hab ich's unter freiem Himmel schwören müssen, weil ich sonst um mein Leben gekommen wäre.«

»Wenn du es keinem Menschen klagen kannst, dann klag es wenigstens dem Eisenofen«, antwortete daraufhin der König und ging. Da kroch das Mädchen in den Ofen, weinte und schüttete sein Herz aus: »Da sitze ich nun von aller Welt verlassen und bin doch eine Königstochter, und eine falsche Kammerjungfer hat mich mit Gewalt gezwungen, meine königlichen Kleider abzulegen und hat den Platz bei meinem Bräutigam eingenommen, und ich muss als Gänsemagd meine Dienste tun. Wenn das meine Mutter wüsste, das Herz im Leib tät ihr zerspringen.«

Der alte König stand draußen am Ofenrohr und hörte alles, was sie klagte. Daraufhin ließ er sie in königliche Gewänder kleiden und offenbarte seinem Sohn, dass er die falsche Braut hätte. Der junge König war herzensfroh, als er ihre Schönheit und Tugend erblickte.

So, wie in der Bildersprache der Seele das Haus den Körper symbolisiert, so versinnbildlicht der Ofen das Herz. Der Ofen mit seinem Feuer ist auch der Ort der Läuterung und Transformation. Die Gänsehüterin muss sich also in den tiefsten Herzensgrund begeben, um Erlösung aus ihrer unglücklichen Lage zu finden. In dem alten König begegnet uns ein weiteres Urbild; es ist der Archetyp des »alten Weisen«, das Symbol der Urweisheit in jedem von uns. Er versteht, was das Herz spricht.

Ein prunkvolles Mahl wurde angeordnet und alle Leute und guten Freunde wurden eingeladen. Am oberen Ende der Tafel saß der Bräutigam, die Königstochter zur einen Seite und die Kammerjungfer zur anderen. Diese aber war so verblendet und erkannte jene nicht mehr in dem glänzenden Schmuck. Als alle gegessen und getrunken hatten und guten Mutes waren, gab der alte König der Kammerjungfer ein Rätsel auf. Er erzählte die Geschichte des Betruges, ohne dass sie bemerkte, dass es ihr eigenes Verbrechen war, und fragte, welches Urteil sie über jemanden verhängen würde, der so etwas getan hatte. Sie urteilte entschieden: »Eine solche hat nichts Besseres verdient, als dass man sie splitternackt auszieht und in ein Fass steckt, das inwendig mit spitzen Nägeln beschlagen ist. Zwei weiße Pferde müssen davor gespannt werden, die sie Gasse auf, Gasse ab zu Tode schleifen!«

Damit hatte sie ihr eigenes Urteil ausgesprochen.

Beifuß

Da gerade von Gänsen die Rede ist, sollte der Beifuß (*Artemisia vulgaris*), der graue, herb-würzig duftende Korbblütler, nicht unerwähnt bleiben. Auch er ist und war immer der Frau Holle geweiht. Auch er ist eine der Pionierpflanzen, die die nacheiszeitliche Tundra besiedelt hat. Unsere fernen Vorfahren, die paläolithischen Mammut- und Rentierjäger kannten sie schon. Sie streuten das Kraut in ihren Schwitzhütten aus, wo sie sich durch Schwitzen heilten und den Geistern und Göttern begegneten.

Die Schwitzhütte galt – und gilt bei den Indianern noch immer – als Schoß oder Gebärmutter der Mutter Erde. Seit der alten Steinzeit begaben sich die Frauen in die Schwitzhütte, wenn die Wehen begannen und ein Kind auf dem Weg war – nirgendwo war es wärmer und geschützter. Der Beifuß, als Wehen förderndes Frauenkraut, spielte dabei immer eine wichtige Rolle. Eine Abkochung aus Beifuß beschleunigt die Geburt und treibt den Mutterkuchen aus.

Bei den schamanischen Ritualen, die ebenfalls oft in der Schwitzhütte stattfanden, wurde mit Beifuß geräuchert. Ethnobotaniker wissen das, weil der Brauch nahezu universal ist. Von Sibirien bis Tibet, von Europa bis Nordamerika, überall wo die Artemisia wächst, ist das der Fall. Genauso wie das Kraut auf der physischen Ebene die Gebärmutter öffnen kann, kann es auf einer anderen Ebene die Seele öffnen. Auch die germanischen Schamaninnen, die Walas und Veledas, räucherten mit Beifuß und rieben sich damit ein, wenn sie in den Zwischenzeiten – besonders zur Wintersonnenwende, zum Maifest und Sommersonnenwende – in Gänsegestalt hinaus in die andere Welt flogen. Sie flogen mit der Göttin, der

Percht, der Holle – die von christlichen Gelehrten mit der antiken Diana identifiziert und als Anführerin der fliegenden Hexen verdammt wurde.

An besonderen Feiertagen opferten die Waldvölker eine Gans und verspeisten sie gemeinsam. Das war sozusagen eine totemische Mahlzeit, welche die Menschen mit den Ahnen und mit der Frau Holle verband. Die Weihnachtsgans, die Martinsgans und die Michaelsgans sind Nachklänge davon. Dass diese Gänsebraten mit Beifußkraut ausgestopft oder gewürzt werden, gehört zum alten kultischen Brauchtum. Die Idee, dass der Beifuß verwendet wird, um das Fett besser zu verdauen, ist lediglich eine nachträgliche, rationelle Erklärung aus der Zeit der Aufklärung.

Der Pfad zu den Ahnen

Allen Märchen gemeinsam sind die Überreste eines in die ältesten Zeiten hinaufreichenden Glaubens, der sich in bildlicher Auffassung übersinnlicher Dinge ausspricht.

Wilhelm Grimm

Um die Alte Göttin und die Märchen und Sagen, die von ihr erzählen, noch besser zu verstehen, sollte man ihren kulturellen, geschichtlichen und ökologischen Kontext berücksichtigen. Dasselbe gilt auch für die Pflanzen, die dieser Göttin heilig waren, die in unserem Kulturkreis als Frau Holle bekannt ist. Wer waren die mitteleuropäischen Waldvölker, die sich diese Geschichten erzählten? Wie sah die natürliche Umwelt aus, in der sie lebten und die sie inspirierte? Wie erlebten sie das Dasein? Welche Spuren haben sie in unserer Sprache und unserer Weltanschauung hinterlassen? Diesen Fragen wird hier nachgegangen.

Wie alt sind die Märchen?

Alte Märchen verbinden auch mit den Ahnen, denn über Generationen hinweg – schon seit der Altsteinzeit – wurden sie erzählt. Wie alt sie sein können, lässt sich erahnen, wenn man eine Erzählung der Ojibwa-Indianer kennt, die am Oberen See in Nordamerika leben.

Es war einmal – so fängt das Märchen an –, ehe es Pfeil und Bogen gab, da jagten unsere Vorfahren mit ihren Speeren einen mächtigen Zauberbüffel. Dieses Tier hatte langes, rötliches Zottelfell. Seine Hörner befanden sich nicht auf der Stirn, sondern ragten rechts und links neben der Nase heraus. Und diese Nase sah aus wie eine lange Schlange, aber es war ein Arm, der mit einer Hand endete. Damit konnte dieser Büffel Dinge greifen und sich Gras in sein Maul stopfen.

Wenn man dieser Geschichte aufmerksam zuhört, dann gibt es kaum Zweifel, dass es sich bei diesem Büffel um einen Mammut (Echten Mastodonten) gehandelt haben muss. Da die letzten Mammuts in Nordamerika vor ungefähr 9000 Jahren ausgestorben sind, muss die Erzählung wirklich alt sein!

Ein Märchen der Cheyenne erzählt von einer Zeit, als die Welt eine endlose Schnee- und Eiswüste war:

Eine alte Frau sah ein dürres, gegabeltes Holzstück aus dem Schnee herausragen. Als sie es aufheben wollte, stellte es sich heraus, dass es das Geweih eines Hirsches war. Das Tier sprang auf und führte die Cheyenne nach Süden, bis sie in ein Land kamen, wo die Erde mit grünem Gras bedeckt war.

Auch diese Geschichte ist uralt. Hier scheint es sich ebenfalls um eine Urerinnerung an den langen Treck zu handeln, in dem diese Stämme während der Eiszeit von Ostasien nach Nordamerika zogen. Es gibt sogar Märchen der Indianer im tropischen Amazonasgebiet, die von einer Zeit erzählen, als kaum Pflanzen wuchsen und die Menschen in Felle gehüllt waren. Fast alle Indianer kennen Geschichten von sintflutartigen Überschwemmungen, die nur wenige überlebten. Es könnte sein, dass es sich dabei um eine unbewusste Erinnerung an die rapide Gletscherschmelze handelt, die nach der Eiszeit vor rund 10 000 Jahren stattgefunden hat.

Auch unsere Märchen sind uralt. Sie sind, wie es der große Seelenforscher Carl Gustav Jung formulierte, Teil unseres kollektiven Unbewussten. Auch sie enthalten Stammeserinnerungen und spiegeln Stammeserfahrungen wider.

Oft haben die Märchen der Indianer, der Sibirier und anderer Naturvölker der Polargebiete eine verblüffende Ähnlichkeit mit unseren Volksmärchen. Doch anstelle von Königen und Königskindern, Rittern und Räubern, Bauern und Bürgern handeln sie von Häuptlingssöhnen und -töchtern, Kriegern, Jägern, Sammlerinnen oder Gärtnerinnen. Dämonen, feenartige Wesen, Zaubertiere und Zwerge gibt es selbstverständlich auch. Die Handlungen sind dermaßen ähnlich, dass frühere Märchenforscher glaubten, die Waldindianer hätten sie von den Trappern oder französischen Waldläufern, den *Coureur de bois,* gehört, als die ihren Kindern, die sie mit den Squaws hatten, die Märchen der Gebrüder Grimm erzählten. Dem ist aber nicht so. Zum einen haben wir und die Indianer eine gemeinsame Vergangenheit als paläolithische Großwildjäger; zum anderen ist die grundlegende Beschaffung der Menschenseelen überall gleich.

Wer waren unsere Ahnen?

Im Mittelalter waren die meisten Menschen in Europa katholische Christen. Adam und Eva waren die ersten Ahnen – so heißt es in der Bibel, im Wort Gottes – und die Europäer stammten von Japhet ab, einem der drei Söhne Noahs. Und das Reich der Christen, dem der römische Papst als geistiges und der Kaiser als weltliches Oberhaupt vorstanden, hat seinen Ursprung im alten Rom.

Im 19. Jahrhundert, nachdem der Funke des Nationalismus von England und Frankreich auf das restliche Europa übergesprungen war, suchte man die Ahnen in der eigenen nationalen Vergangenheit. Auf einmal definierten sich die Franzosen als die exklusiven Nachfahren heroischer keltischer Gallier; die Italiener als Erben der zivilisatorisch überlegenen Römer und Etrusker, die Osteuropäer als heldenhafte Slawen und die Nordeuropäer als kühne Germanen. Das stellte natürlich jeweils eine grobe Vereinfachung dar. Die Deutschen, die im Herzen Mitteleuropas leben, verfielen bei ihrer Suche nach einer verbindenden Identität einer gewissen Germanentümelei. Ohne Zweifel haben die meisten Mitteleuropäer germanische

Vorfahren, aber außer einiger Berichte von Römern, wie etwa denen von Tacitus, oder kirchlichen Bußbüchern für Bekehrte, sind wenige historische Quellen vorhanden. Die *Edda* lieferte das einzige wichtige Schriftzeugnis einer wahrhaft germanischen Kultur. Allerdings handelt es sich um ein literarisches Kunstwerk, aufgezeichnet von dem isländischen Staatsbeamten Snorri Sturlson (1179–1241), der rund 200 Jahre nach der Bekehrung Islands zum Christentum auf der Insel wirkte. Sturlson wurde in dem Jahr geboren, in dem Hildegard von Bingen (1089–1179) starb. Die spätgermanische Kultur auf Island ist also keineswegs repräsentativ für die vorchristliche, heidnische Kultur im waldreichen Mitteleuropa.

Eine weitere Quelle sind archäologische Ausgrabungen. Aber auch diese führten oft zu fehlerhaften Auslegungen. Nicht selten wurden keltische oder auch slawische Altertümer als germanisch gedeutet und umgekehrt.

Die Heldenlieder und Göttersagen, die Snorri Sturlson aufgeschrieben hat, gehörten zu den Gesängen und Gedichten, die in den Fürstenhäusern von angesehenen Barden rezitiert wurden. Sie waren Teil der höfischen Hochkultur, nicht aber Teil der Alltagskultur der einfachen bäuerlichen Bevölkerung.

Kurz gesagt, im Großen und Ganzen sind die Mitteleuropäer germanisch geprägt, im Westen und Südwesten nimmt das keltische Element zu, im Osten das slawische, im Nordosten das baltische – Preußen, Letten und Litauer sind Balten – und bei all dem ist der Einfluss der römischen Hochkultur und der lateinischen Kirche nicht zu vernachlässigen. Das kulturelle Amalgam lässt sich nicht säuberlich auseinanderdividieren. Maßgebend in der Prägung dieser Kulturen ist die natürliche Umwelt. Das regenreiche, vom Atlantischen Ozean beeinflusste Klima, der Jahreszeitenwechsel und die endlosen dichten Wälder haben diese Völker geprägt und einander ähnlich werden lassen. Hinzu kommt der kulturelle und genetische Austausch, der sich über Jahrhunderte, wenn nicht Jahrtausende vollzogen hat. Man kann also von einer europäischen Waldkultur sprechen, so wie man von der indianischen Waldkultur (*englisch:* woodland culture) Nordamerikas spricht.

Das lebendige Universum, Götter und Bäume

Island ist eine Insel im Nordatlantik. Außer der Vogelbeere wachsen dort keine Bäume, auch keine Eschen. Und auch beim Weltenbaum der alten europäischen Waldvölker handelt es sich ebenfalls nicht um eine Esche. Bei allen Indoeuropäern – den Lateinern, Balten, Slawen, Kelten sowie Germanen – war es immer die Eiche, die den Weltenbaum repräsentierte. Unter einer alten Eiche versammelten sich die mitteleuropäischen Heiden, um ihre Ratsversammlungen (Thing) abzuhalten. Die Eiche wird, statistisch gesehen, häufiger vom Blitz getroffen als jede andere Baumart. In den Augen der Waldbewohner vermittelt die Eiche Himmelslicht und, im übertragenen Sinn, dem Ratsuchenden den Blitz der Erkenntnis oder Geistesblitz. Sie war der Baum des Götterkönigs, von Jupiter oder Zeus, vom Perun der Slawen oder vom Perkunas der Balten. Sie war auch der Baum des Götterkönigs Donar – das heißt, bevor Odin seinen Platz einnahm.

Donar/Thor war ursprünglich auch nicht der Sohn Odins, zu dem ihn die *Edda* macht. Donar war in neolithischen Zeiten der

Götterhäuptling, der das Wetter macht, den Bauern beisteht, indem er mit dem Feuersteinhammer die Schädel der Frost- und Steinriesen zerschmettert, und der mit seinem Blitz und Gewitterregen die Erdgöttin befruchtet.

Überhaupt stellten sich die Waldvölker das Universum als einen lebendigen Baum vor. Also ganz anders als wir heute, die wir vom Universum als einem physikalisch-energetischen Geschehen ausgehen, welches wir, mittels Relativitätstheorie und Quantenphysik, als Auswirkung von elektromagnetischer Kraft, Kernkraft und Schwerkraft erklären. Das Universum der alteuropäischen Waldvölker war ein wachsender, Früchte tragender, magischer Baum, der alle nährt und in dessen Ästen, Zweigen und Wurzeln sich die neun übersinnlichen Reiche der Götter, Riesen, Elfen und anderer Wesen befinden, und unter dessen drei Hauptwurzeln drei Urmütter das Schicksal weben und die Quelle des Lebens sprudelt. Dieser Baum hatte sein Abbild in der Thing-Eiche, von der es in jedem Dorf eine gab. Die Esche, aus deren hartem Holz Deichseln und Speerschäfte gefertigt wurden, war dagegen dem Kriegsgott, dem keltischen Lugus (Lug) oder dem germanischen Tyr vorbehalten. Die Esche war auch der Baum des Schamanengottes Odin; es war Yggdrasil (*von* Yggr *für* der Schreckliche *und* Drasill *für* Träger, bzw. Pferd), das Reittier Odins in seiner schrecklichen Gestalt. In diesem Baum hing der einäugige Gott neun Tage, ohne Essen und Trunk, so dass sein Geist in die Fernen reiten konnte, wo er in Mimirs Brunnen, der Quelle der Erinnerung, die Runen, die Träger der Macht und Weisheit, erlangen konnte. Mit anderen Worten, die Esche war für die Odin-Anhänger ein Baum der schamanischen Initiation. Der spätgermanische Wikinger-Adel machte Odin zum Kriegsführer und Vater der Götter. Ältere Traditionen sehen ihn dagegen eher als Wind- und Sturmgott, als gestaltwechselnden Erzzauberer, als zauberspruchkundigen Schamanengott, der in tiefer Trance auf seinem achtbeinigen Schimmel Sleipnir (der Dahinschleifende) durch die neun Welten fliegt. Sleipnir ist das Symbol der Totenbahre – vier Träger, also acht Beine tragen den Toten –, denn der Körper des Schamanen liegt in Trance reglos wie ein Toter. Odin, bei den Südgermanen als Wodan, bei den Angelsachsen als Woden und bei den Alemannen als Woutis bekannt, ist Grenzgänger, Totenführer, Anführer der wilden Jagd.

Neben einem Donnergott und einem kosmischen Zauberer kannten diese Völker auch einen Feuergott, der sich im Waldbrand, im Herdfeuer, in der Sommerhitze, im reifenden Korn und der Heilkraft der aromatischen Sommerkräuter offenbarte. Er ist, wie der keltische Lug (Lugh, Lugus), der Alleskönner. In der *Edda* erscheint er als der zwiespältige, unberechenbare Loki (Lodur). Unter Einfluss der späteren christlichen Lehre wurde Loki in die Rolle des Teufels gezwungen, des Gegners der kosmischen Ordnung. Aber das ist nicht seine ursprüngliche Gestalt. Er ist der Schelm, der Trickster, den viele Mythologien kennen, und er ist der Feuergott, der wärmen, aber auch verbrennen kann. Ihm ist es zu verdanken, dass das Korn golden und schnittreif wird. Er verleiht den Kräutern, die im August geweiht werden, ihre feurige Heilkraft – heute würde man sagen, ihre ätherischen Öle, Glykoside und andere Wirkstoffe. Zusammen mit Odin und Hönir ist dieser Loki sogar einer der Schöpfer der Menschheit. Als die drei Götter in der Urzeit am Meeresstrand entlangliefen, entdeckten sie zwei angeschwemmte Baumstämme, eine Esche und eine Ulme. Odin hauchte dem

Treibholz den Lebensatem ein, Hönir gab ihm Gefühl und Empfindung, und Lodur schenkte ihm die Lebenswärme und das rote Blut. Die klugen Zwerge schließlich werkelten an beiden Baumstämmen und verliehen ihnen die Gestalt von Mann und Frau. Freya erscheint in der *Edda* vor allem als Liebesgöttin, und ihr Bruder Freyr ist der Gott des Friedens und der Fruchtbarkeit. Er trägt weder Schwert noch Speer, sondern ein Hirschhorn, als Zeichen der Wachstumskraft der Natur. Beide stammen vom alten Göttergeschlecht der Wanen ab. Das Wesen der Wanen – das Wort ist verwandt mit dem Wort Wonne, wie auch mit dem englischen Wort fun (Spaß) – ist Frieden, Fruchtbarkeit, Frohsinn, Liebe und Wohlstand; sie sind zuständig für Fischfang, reiche Ernten, Schifffahrt, Handel und Heilkunst; ihr Metall ist das Gold. Sie sind ältere Götter als die kriegerischen, rastlos tätigen, eisengewappneten Asen, die erst später aufkamen. Wegen dem Gold der Wanen kam es zum Krieg zwischen den beiden Göttergeschlechtern. Die Wanen kämpften mit Zauber (Seidkunst) und Illusion, die Asen mit Eisenwaffen. Es war der erste Krieg überhaupt. Keine Seite konnte gewinnen. Da machten sie Frieden, indem sie einen Friedenstrank brauten, wobei jeder in einen Topf spuckte – Ethnologen kennen solche Spuckbiere von vielen Völkern, etwa dem südamerikanischen Chicha; der Speichel spaltet Stärke in Zucker – und sie tauschten Geiseln aus. Auf diese Weise kamen Freyr und Freya zur Götterburg Asgard. Mythenforscher sind der Ansicht, dass es sich bei den Wanen um Götter der vor-indoeuropäischen Bevölkerung Europas, der Megalithkultur, handelt. Freya ist demnach eine indigene Urgöttin.

Frigg, die Göttermutter und Gemahlin Odins, erscheint erst spät im nordischen Götterpantheon; sie ähnelt der Hera, der Gattin des Zeus, und wurde wahrscheinlich aus klassischen Quellen übernommen.

In der skandinavischen Götterlehre spielt die Erdgöttin eine weniger wichtige Rolle als bei den weiter südlich lebenden Stämmen. Im Hintergrund jedoch ist sie immer präsent. Als Jörd, Herda, Hreda, Nertha, Erda oder Erce wurde sie angerufen; die Kuh war ihr heilig. Ein angelsächsischer Flursegen beschwört sie:

Die Erde bitte ich und den Himmel darüber,
Erce, Erce, Erke, Mutter Erde
Heil sei dir, Erde Flur, Mutter der Menschen.

Auch Fulde oder Fulda war einer ihrer Namen, die Stadt Fulda wurde nach ihr benannt.

Die erläuterten Beispiele zeigen, dass uns die *Edda* und die spätgermanische Mythologie zwar einige wichtige Hinweise liefern können, aber im Großen und Ganzen sind sie nicht repräsentativ für das Weltbild der alten mitteleuropäischen Waldvölker.

Auf eine falsche Fährte führt uns auch die heutige Obsession mit den Kelten. Das meiste, was uns über diese Kultur erzählt wird, stammt aus mittelalterlichen Quellen von den britischen Inseln oder aus der Bretagne. Schöne Erzählungen sind das, aber wir können nicht annehmen, dass sie sich mit dem Glauben und Brauchtum der ursprünglichen Kelten decken, die vor über 3000 Jahren große Teile Mitteleuropas bevölkerten.

Entmachtung und Weiterleben der alten Götter

Wo aber bekommt man verlässliche Auskünfte über die geistige Kultur unserer mitteleuropäischen Vorfahren her?
Immer wenn es einen Umsturz gab, wurden die alten Götter entthront oder entstellt. Die Römer glichen die Gottheiten der eroberten Völker ihren Göttern an – Wotan wurde zu Hermes; Donar zu Jupiter, Tius (Tyr) zu Mars, Freya zu Venus, usw. Die Fürsten und Könige wurden entweder völlig entmachtet oder erhielten einen Vasallen-Status.
Als die christlichen Glaubensboten auftauchen, da kam es wieder zu einer Umwälzung. Die Missionare leugneten die Existenz der Götzen und Geister keineswegs, sie sahen in ihnen lediglich Teufel; oder machten Kalenderheilige aus ihnen. Die Große Göttin wurde mehr oder weniger gespalten; aus ihr wurde auf der einen Seite eine böse Hexe, auf der anderen die reine, unbefleckte Maria. Die heidnischen Priester und Priesterinnen – die Druiden der Kelten, die Goden der Germanen – wurden ihrer Macht beraubt und ihrer Würde entledigt. Oder sie wurden vereinnahmt und dienten nun ihren neuen Herren. Von der tragenden Hochkultur – die Kulturanthropologen sprechen von *big tradition* – blieb also wenig übrig. Sie wurde weitgehend beseitigt und durch den neuen, fremden Glauben ersetzt. Woher aber wissen wir überhaupt etwas über diese alten Kulturen? Da gibt es einige Schriften antiker Schriftsteller

über die Kelten und Hyperboreer (das Volk das jenseits des Nordwinds lebt) und die Bußbücher der Kirche, in denen verbotenes Brauchtum verurteilt wird. Selbstverständlich stehen auch die Ergebnisse archäologischer Ausgrabungen zur Verfügung.

Es existieren jedoch noch weit ergiebigere Quellen. Nämlich die Bräuche und Gepflogenheiten der einfachen Bauern, die weder lesen noch schreiben konnten und vor allem der Frauen. Egal welcher Wandel sich an der Spitze der Gesellschaft vollzog, das gemeine Landvolk, das die überwiegende Mehrheit der Bevölkerung ausmachte, blieb beim Alten und Bewährten. Die einfachen Menschen wussten, in welchen Felsen, Höhlen oder Quellen die lokalen Naturgeister lebten. Sie hielten an den alten Überlieferungen fest. Sie betrieben weiterhin Wetterzauber: Sie räucherten mit Johanniskraut, um Gewitter zu stillen; übergossen bei einem Fluss ein Bilsenkraut tragendes, nacktes Mädchen mit Wasser, um eine Trockenheit zu beenden. Sie schöpften weiterhin an Ostern Heilwasser aus bestimmten Quellen; sie verehrten noch die Wald- und Feldgeister, veranstalteten an bestimmten Tagen Umzüge ums Feld, deuteten die Sterne und den Vogelflug, bannten Krankheiten in Bäume, fütterten das Feuer mit kleinen Opfergaben, heilten mit bestimmten Kräutern, schmückten und verehrten die letzte Korngarbe bei der Ernte, ließen die Heilkräuterbündel im August segnen, speisten die Ahnengeister im November und vieles mehr.

All diese Bräuche wurden nur geringfügig verändert, als die Glaubensverkünder den Eingeborenen ein neues Weltbild, das eigentlich im östlichen Mittelmeerraum zuhause war, mehr oder weniger aufzwangen. Und ganz gleich, was die Pastoren auf der Kanzel predigten, zu Hause, am Abend beim Feuer erzählten die Muhme oder der Oheim die alten Geschichten. Die überlieferten, an die Natur und Jahreszeiten gebundenen Feste, wurden – wenn auch christlich übertüncht – weiterhin gefeiert. Gegen das gemeine Volk konnten die »Umerzieher« nicht ankommen. Das erkannte auch Papst Gregor der Große (540–604), als er den Missionaren auftrug, die heidnischen Kultstätten in christliche Kirchen und Kapellen umzufunktionieren und die heidnischen Feiertage durch christliche Feiertage zu ersetzen. So wurden heidnische Feste, wie Ostern – einst der Lichtgöttin Eostara geweiht – mit dem christlichen Auferstehungsfest verbunden. Frühlingsfeste wurden zu Pfingsten, Christi Himmelfahrt und Fronleichnam (wobei Fro sogar die Bezeichnung für Freyr, dem Bruder der Freya ist). Mittsommer wurde zu Johanni, das Totenfest wurde zu Allerseelen und Allerheiligen. Mit anderen Worten, der ganze, auf Naturrhythmen basierende, sakrale Kalender wurde verchristlicht. Aus den heiligen Linden, die der Göttin geweiht waren, wurden Marienstatuen geschnitzt. Die germanische Wasserweihe des Neugeborenen wurde als Kindertaufe übernommen. Das Fress- und Saufgelage, mit dem die Verstorbenen verabschiedet wurden, wurde zum Leichenschmaus. Der monolithische, alleinige Gott, der für das indoeuropäische Denken schwer nachvollziehbar war, trat nun in gewohnter, dreifacher Gestalt, als Vater, Sohn und Heiliger Geist auf. Der Missionar Patrick soll es den heidnischen Iren mit Hilfe eines Kleeblattes erklärt haben: drei Blättchen und doch *ein* Blatt. Keltische Druiden, von denen viele die neue Lehre freiwillig annahmen und selber zu Missionaren wurden, bauten ebenfalls viel vom alten Heidentum in den neuen Glauben ein. Einige

Gelehrte meinen, dass das Heidentum durch dieses Entgegenkommen unterwandert wurde. Aber war es nicht eher umgekehrt? Wurde nicht die Religion, die aus dem Nahen Osten kam und auf der heiligen Schrift der Hebräer basierte, eher keltisiert oder germanisiert? Und die häufig von den Klerikern beklagten Rückfälle ins Heidentum – waren sie nicht eher Zeichen für dessen Fortbestehen? Götter sterben nicht, sie leben weiter in den Bergen, Bäumen, Seen, Jahreszeiten und anderen Naturphänomenen. Sie leben auch weiter in den Tiefen der Seele, im kollektiven Unbewussten der Menschen. Umfangreiche DNS-Analysen haben bestätigt, dass sich der Genpool der Menschen die in Mitteleuropa leben, seit der Bronzezeit vor rund 4000 Jahren – als die Schöpfer der Himmelsscheibe von Nebra lebten – kaum verändert hat. Aber unsere Erinnerungen gehen noch weiter zurück als das.

Altsteinzeit: Himmelszelt und Glasberg

Die Geschichten von Frau Holle, der Göttin der Höhle und Herrin der Tiere und ihrem Gefährten, dem hörner- und geweihtragenden Gott, haben ihre Wurzeln bei den Großwildjägern, die in der Altsteinzeit über die eiszeitlichen Tundren und Steppen streiften. Jagdzauber, schamanische Reisen, Bärenverehrung und sprechende Tiere gehörten zu dieser Welt. Die Winter verbrachten sie in Grubenhütten, die teilweise in die Erde versenkt waren; im Sommer lebten sie in Tipi-ähnlichen Lederzelten. Für sie war der Himmel ein Himmelszelt, die Sterne waren Löcher in einer Zeltwand, durch die das Himmelslicht hindurchleuchtet. Der Nordstern, der

Stillstehende, um den sich alle anderen Sterne drehen, wurde als die Öffnung in der Zeltspitze gedeutet. Nicht nur der Rauch verließ das Zelt durch dieses Loch, sondern auch die Geister gingen dort ein und aus. Und der Schamane flog durch das Rauchloch in andere Dimensionen. Dieses Loch war der Ein- und Ausgang in die anderen Welten, den Schichten des Universums. Noch im Mittelalter flogen die Hexen – die Nachfahrinnen der Schamanen – durch den Kamin oder Schornstein, wenn sie, auf Besen oder Ofengabeln reitend, ausflogen, um das Fruchtbarkeitsfest des archaischen, hörnertragenden, phallischen Gottes auf dem Blocksberg, dem Brocken im Harz oder irgendeinem anderen Zauberberg zu feiern.

Das Himmelszelt ist übrigens identisch mit dem Glasberg, der – durchsichtig und lichtschimmernd – ein Symbol der Anderswelt oder Totenwelt ist. Dieser Glasberg ist so glatt, dass kein irdischer Mensch ihn besteigen kann. Nur der Wind oder ein Schamane, dessen Seele wie der Wind fliegen kann, vermag es, zur Bergspitze zu gelangen. Manchmal muss die Märchenprinzessin oder der Märchenprinz den Glasberg erklimmen. Das aber ist nur möglich mit Hilfe von magischen Tieren. Vermutlich verbrannten die alten Balten deswegen, bei Feuerbestattungen ihrer Verstorbenen, zugleich auch Bärentatzen oder Luchsklauen. Sie sollten den Toten helfen den eisglatten Himmelsberg zu erklimmen. Glastonbury, der sagenumwobene Hügel mitten im nebeligen Marschland Südwestenglands, galt schon in der Megalithzeit als Tor zur Anderswelt, es war der Glasberg, das Land der Verstorbenen, das die Kelten später mit Avalon (Apfelland) gleichsetzten.

Ein schwäbisches Märchen erzählt von einem jungen Mann, der seine Schwester sucht, die vermisst wird. Er fragt die Sonne, ob sie wisse, wo sich die Frau aufhielte. Diese sagt, seine Schwester befinde sich jenseits des Wassers in einem Schloss auf einer Insel. Die Brücke, die dorthin führt sei aus Glas und so steil und glatt, dass niemand sie überqueren könne. Bevor er sich aufmacht, soll er sich daher ein schwarzes Huhn kaufen und essen, aber alle Knochen aufbewahren. Einen Topf Leim soll er ebenfalls mitnehmen. Mit dem Leim und den Knochen soll er Trittstufen auf der gläsernen Brücke anbringen. Da für die letzte Stufe ein Knochen fehlte, schnitt sich der Bruder den kleinen Finger ab und verwendete diesen.

Das Märchen steckt voller archaischer Elemente. Fingeropfer sind schon von altsteinzeitlichen Höhlenmalereien bekannt. Bis in die jüngste Zeit trennen sich Indianer und Eskimos ein Fingerglied ab, um Geistwesen gütig zu stimmen oder um Visionen zu bekommen. Bei den Germanen war es Brauch, ein schwarzes Huhn zu opfern, um mit der Anderswelt Kontakt aufzunehmen.

Die Milchstraße und der Götterbär

Das Vorstellung von der Milchstraße als Pfad, den die Toten entlangwandern, oder als Fluss, auf dem sie dahinfahren, hat ihre Wurzeln ebenfalls in der Altsteinzeit. Woher wissen wir das? Weil diese Vorstellung fast universal ist. Die Inder kennen sie ebenso wie die

Sibirier, Ägypter, Indianer und alten Europäer. Für die Slawen ist es der Vogelweg, den die Seelenvögel (Geister der Verstorbenen) fliegen; es ist der Helweg der alten Germanen, die Straße der Frau Hulda, die Spur des wilden Geisterheeres, angeführt von der Percht (Holle) oder von dem Toten- und Schamanengott Woden. Der Jakobsweg, den die Pilger »bis ans Ende der Welt« nach Santiago de Compostela (Spanien) wandern, soll ursprünglich eine irdische Nachempfindung des himmlischen Geisterwegs sein.

Aus der Altsteinzeit stammen ebenfalls die Mythen und Märchen, die mit den Bären[3] zu tun haben. Überall, wo der Petz lebt, wird er als Sohn des Himmels oder der Erdgöttin verehrt. Rund um die Arktis (*griechisch:* Arktos *für* Bär) von Skandinavien bis in die Neuen Welt, deutete man die Sternkonstellationen, die den Nordstern umkreisen, als Bären (Arkturus, Großer und Kleiner Bär). Der irdische Bär zieht sich im Winter – wie das Märchen von Schneeweißchen und Rosenrot erzählt – in die Höhle, ins Reich der Erdgöttin zurück. Der Bärenschamane und Bärenfellträger – wie er im Märchen *Der Bärenhäuter* vorkommt – galt als besonders weise und stark, und manchmal auch, wie der Bär selber, als kräuterkundig. Als Bärenfellträger (Berserker) verbrachten junge Männer ihre Mannbarkeits-Initiation im Wald; danach durften sie heiraten und Familien gründen.

Der stark behaarte, mächtige Donar (Thunar, Thor), der beliebteste Gott der germanischen Bauern, erschien als Himmelsbär, als Asen-Bär (*nordisch:* Asbjörn; *angelsächsisch:* Osburn). Sein Tatzenschlag ist der Blitz. Der mythische König der Kelten, Arthur (*keltisch:* Arto), ist, wie sein Name besagt, ein Bärenkönig.

Der Bär ist also der Lieblingsgefährte der Göttin.

Die Urgermanen

Als es nach der Eiszeit wärmer wurde und die kalten Tundren verschwanden, bedeckte bald dichter Wald das Land. Die großen Mammut- und Rentierherden zogen weiter nach Osten, und die Großwildjäger verschwanden mit ihnen. Nun prägte der Wald die verbliebenen Jäger, Sammlerinnen und Fischer. Das Sammeln von Wurzeln, Wildgemüse, wildem Obst, Nüssen, Flussmuscheln und dergleichen wurde wichtiger. Nicht mehr dem Großwild, sondern Waldtieren wie Hirsch, Reh, Dachs, Bär, Wildschwein und den Wasservögeln wurde nachgestellt. Kein Wunder also, dass diese Tiere am häufigsten in den mitteleuropäischen Märchen vorkommen.

Mit der Zeit wurden unsere Vorfahren sesshaft und begannen, als nördlichste Ausläufer der Megalithkultur, primitive Landwirtschaft zu betreiben. Die Megalithiker waren jene westeuropäischen Getreidebauern, die große Steinsäulen (Menhire, Dolmen) und Kultzentren, wie etwa das weltbekannte Stonehenge, errichteten. Noch immer wurde gesammelt, gejagt und gefischt, doch infolge des Kulturimpulses, der von Süden kam, ritzten sie nun den Boden mit Hacken und hölzernen Pflügen auf, säten Weizen, Gerste und Hafer, hielten Kühe, dazu Schweine, Ziegen und Schafe. Die Wände der Häuser bestanden aus Pfosten, zwischen denen Weiden- und Haselruten windend geflochten und mit Lehm abgedichtet wurden – das deutsche Wort Wand kommt vom winden. Die Häuser, in denen die Großfamilien zusammen mit den Haustieren lebten, wurden mit Stroh oder Ried gedeckt. Backsteine (Ziegel) und Fenster kannten sie noch nicht – diese brachten erst viele Jahrhunderte später die Römer.

Der Rauch der Feuerstelle, die den Mittelpunkt des Hauses ausmachte, zog durch die Giebelluke ab, die als Windauge (*englisch:* window) bezeichnet wurde. Hier wurde nicht nur Schinken geräuchert, diese Öffnung, galt – wie einst das Loch an der Spitze der kegelförmigen Zelte der Großwildjäger – als Geistertor. Hier flogen die Geister ein und aus. Durch dieses Tor kamen die Ahnenseelen, die als Kinder wiedergeboren werden wollten, hereingeflogen. Der heilige Vogel der Urgöttin Frau Holle, der Storch, brachte sie aus dem Hollenteich. Auch der gute Geist des Waldes – unser Weihnachtsmann – kam im tiefsten Winter durch dieses Tor und legte seinen Segen in das Schuhwerk, das die Bewohner durch das Jahr tragen würde. Der Herd, die Feuerstelle, war also ein heiliger Ort, der peinlich sauber gehalten wurde. Wenn das nicht der Fall war, dann war es leicht für die Unholden, die unguten Geister, Einzug zu halten. Noch bis in unsere Tage – obwohl wir schon längst nicht mehr wissen, warum – gilt der Schornsteinfeger als Glücksbringer. Besonders in den Wintersonnwendtagen, wenn der Wintergeist und das Sonnenkind aus der Anderswelt kommen, musste dieser Geistereingang sauber sein. Deshalb ist ein kleiner Schornsteinfeger noch immer Teil des Neujahrsglücks.

In Westeuropa, wo der Hülsen (die Stechpalme; *englisch:* holly) wächst, wurde dessen zähes, mit spitzen Stacheln versehenes Laub zum Fegen des Kamins verwendet. Die Stechpalme symbolisiert die grüne Lebenskraft, die unversehrt die dunkle kalte Jahreszeit überdauert. In England gehört der immergrüne Strauch, mit seinen weißen Blüten und blutroten Beerenfrüchten zu Weihnachten, wie bei uns der Tannenbaum.

Um die Feuerstelle, diesem Tor zu den übersinnlichen Welten, versammelte sich abends die Großfamilie und lauschte den Märchen, die eine alte weise Frau oder ein Zauberer erzählten. Auf diesem Weg empfingen die Menschen Inspirationen aus der Geister- und Götterwelt.

Frau Sonne

Für uns moderne und »aufgeklärte« Menschen ist die Sonne keine Gottheit mehr. Wir halten es maximal für eine schöne Fantasie zu glauben, dass ein Schamane mit der Sonne reden oder sie besuchen kann. Denn wir wissen, dass das Tagesgestirn ein 1500 Millionen Kilometer von der Erde entfernter Zwergstern der Galaxis Milchstraße ist und dass sie, als nukleares Fusionskraftwerk, jede Sekunde fünf Millionen Tonnen Materie in Kernenergie umwandelt, was etwa 90 000 Wasserstoffbomben entspricht.

Die Völker im kalten Waldland des Nordens, insbesondere die Urgermanen, Balten und auch die sibirischen Stämme hatten da eine andere Vorstellung. Sie verehrten die Sonne als ein gütiges, weibliches Wesen. Es ist die liebe Frau Sonne, die im Frühling das frische Grün hervorzaubert und dem Winterleid ein Ende bereitet. Ihr Licht vertreibt nicht nur die Kälte, sondern auch die Dunkelheit, in der die unholden Geister und Riesen (Dämonen) am Werk sind. Liebevoll schenkt sie den Menschen, den Pflanzen und den Tieren ihre heilende Wärme. Wie die gütige Großmutter am heißen Herd, nährt sie alle. Warum sollte ein Wesen, das so mächtig ist, nicht gelegentlich im Traum erscheinen und mit einem Menschen reden, oder sich in einer Vision offenbaren können? Warum sollte die Sonne nicht auch gelegentlich in Tier- oder Menschengestalt auf der Erde erscheinen können? Etwa als stattlicher Hirsch, als Bär oder als Eber.

Den baltischen Völkern, die östlich der Ostsee siedelten, erschien Saule, die Sonnengöttin, als junge Mutter oder als schönes Mädchen. Sie reitet auf einem Pferd mit goldenem Sattel und silbernem Zaumzeug über den gläsernen Himmelsberg, segnet die Scholle, hilft Leidenden und bestraft die Bösen. Wenn sie als Windböe über das Roggenfeld läuft, ihren Rock hebend, dann segnet sie das Getreide mit gutem Wachstum. Saule ist anwesend im Herdfeuer und liebt die Hausschlange, die Ringelnatter. Die schöne Sonnenfrau ist mit Ménes, dem Mondmann, vermählt. Ihr Baum ist die lichte Birke oder die feurige Eberesche. Ihr zu Ehren wird in Lettland noch immer das Mittsommerfest gefeiert. Roggenbrot, Kümmelkäse, Bier und frische Erdbeeren werden vor dem Sonnwendfeuer aufgehäuft, die Häuser werden mit frischem Birkengrün geschmückt, die Frauen tragen Kronen aus prachtvoll geflochtenen Wildblumen auf dem Haupt und die Männer Kränze aus grünem Eichenlaub.

Der Froschkönig

Es könnte gut sein, dass das Märchen vom Froschkönig und dem eisernen Heinrich eine Urerinnerung an die Sonnenfrau enthält.

Die goldhaarige junge Königstocher, »schön wie die Sonne selbst«, vertrieb sich ihre Zeit mit dem Werfen und Fangen einer goldenen Kugel. Eines Tages rollt die Kugel ins Wasser und verschwindet in die Tiefe. Ein Frosch mit einem dicken, hässlichen Kopf sagt, er würde ihr die goldene Kugel wiederbringen, aber nur, wenn sie bereit sei, seine Spielgefährtin zu werden. Er will bei Tisch neben ihr sitzen, von ihrem goldenen Geschirr essen und mit in ihrem Bett schlafen. »Du wirst mich wert und lieb haben!«, fügt er hinzu. Sorglos verspricht sie es ihm. Er taucht in die Tiefe und holt die goldene Kugel wieder hervor. Wir alle wissen, wie die Geschichte weitergeht: Der Frosch ist ein verwandelter Königssohn, den eine böse Hexe verzaubert hatte, und der schließlich durch den Kuss der Prinzessin erlöst wird.

Jeden Tag »rollt« der Sonnenball in die Tiefe und verschwindet. Der Frosch, der Vertreter dieser kühlen, dunklen wässrigen Unterwelt, bringt die goldene Kugel dann wieder herauf. Dieses kosmische Drama kann auch auf den Jahreszyklus, den Stand der Sonne im Winter und im Sommer bezogen werden.

Den Völkern in südlicheren Gefilden ist das Tagesgestirn keine liebe Frau Sonne, keine goldene Jungfrau oder gütige Mutter am Herd. Da erscheint das Tagesgestirn als siegesbewusster Krieger, der unverdrossen seine Bahn über den Himmel zieht und die Sterne und die Nacht vertreibt. Seine Strahlen stechen wie Speere, seine Hitze trocknet das Land aus, sodass man den Schatten sucht und am Abend die labende Kühle der Grotte. Für die indoeuropäischen Hirtenvölker war die Sonne ein Bogenschütze, der mit seinem Streitwagen den Himmel von Ost bis West durchmisst.

Die Sonnenfrau dagegen, ist eine sehr alte Imagination aus dem kalten Norden. Den weiter südlich lebenden Megalithikern schien die Sonne manchmal männliche und manchmal weiblich. Da war der Sonnengott kein Krieger, sondern der Begleiter der Göttin, der im harmonischen Einklang mit ihr durch den Jahreskreis tanzte. Die Kelten sind Erbe dieser Imagination.

Die Erde gehörte den Frauen

Bei den Urgermanen gehörte das Land den Frauen – nicht der einzelnen Frau, sondern der jeweils weiblichen Abstammungslinie. Bei Völkern mit vergleichbarer extensiver Landwirtschaft – etwa den Irokesen, Papua oder einigen afrikanischen Hackbauern – war es ähnlich. Das hat nichts mit der gegenwärtig ideologisch geprägten Diskussion über das Ur-Matriarchat zu tun, sondern ist – anthropologisch gesehen – eine typische Einrichtung einfacher, brandrodender Bauerngesellschaften. Aufgrund der natürlichen Arbeitsteilung der Wildbeuter (Jäger und Sammler) haben die Frauen mehr mit der Flora und die Männer mehr mit der Fauna zu tun. In Gruppen sammeln die Frauen, junge wie alte, schwangere und solche mit Säuglingen an der Brust, Wurzeln, Wildfrüchte, Getreidekörner und Heilkräuter und bereiten diese als tägliche Nahrung oder als Heilmittel zu. Frauen, als Lebensspenderinnen und Ernährerinnen, haben entwicklungsgeschichtlich einen besseren und ursprünglicheren Zugang zu dem Umgang mit der Vegetation. Die Männer sind – anatomisch gesehen – im Vorteil wenn es ums Jagen geht: Oft müssen sie dem Wild lange Strecken nachlaufen und es dann weit schleppen. Da die Pflanzenwelt ihre Domäne war, ist es folgerichtig, dass das weibliche Geschlecht sich um Acker und Gärten kümmerte. Vom Roden einmal abgesehen, verrichteten sie die meiste Arbeit auf dem Feld.

Da man das bestellte Land nicht bewegen kann, ist es einfach praktischer, wenn der Mann zur Sippe seiner Frau zieht und nicht umgekehrt. Die Verwandtschaftsorganisation wird folglich durch die Abstammung von der Mutterlinie bestimmt. Die mütterliche Verwandtschaft war den nördlichen Megalithvölkern wichtig: Bezeichnungen wie Muhme (Schwester der Mutter) oder Oheim (altes Heim, Bruder der Mutter) zeugen davon. In den Märchen ist es oft der junge, mittellose Held, der dann das Herz einer Königstochter gewinnt, sie heiratet und ihren Vater beerbt. Auch das ist ein Nachklang der alteuropäischen, mutterrechtlichen Gesellschaft.

Die verstorbenen Sippenmitglieder der Megalithiker gingen zurück in den Schoß der Erdmutter. Sie wurden in Hünengräbern bestattet. Das waren große Steinkammern, die mit einem Erdhügel bedeckt wurden. Das bedeutet, diese einfachen Bauern orteten das Totenreich unter der Erde, dort wo die Holle wohnte, die alte Höhlengöttin, die man schon seit der Altsteinzeit kannte. Für die Iren und Schotten gelten diese Megalithgräber, die Síde oder Síd-Mounds, noch heute als Zugänge zur Anderswelt, als Wohnort der Elfen. In den Síd-Hügeln befinden sich – für sterbliche Augen unsichtbar – herrliche Paläste aus Gold und funkelnden Edelsteinen. Dort feiern die Andersweltlichen rauschende Feste. Auch die Sagen von Totenbergen, wie die über Kaiser Barbarossa im Kyffhäuser, gehen auf alte, megalithische Vorstellungen zurück.

Die Invasion kriegerischer Hirtenvölker

Um 2000 vor unserer Zeitrechnung drangen kriegerische, indoeuropäisch sprechende Hirtenvölker, mit ihren Rindern, Rossen und Wagen, aus den westasiatischen Steppen nach Westen vor und überrannten die eingeborenen Waldvölker. Solche Invasionen wiederholten sich in einer Zeitspanne von mehreren hundert Jahren. Sie sind mit langfristigen solaren Rhythmen verbunden, die dazu führten, dass das Klima periodisch unstabil und die Steppe trockener wurde.

Tiere – Rinder, Pferde und Ziegen –, nicht der Ackerbau, bildeten für diese Nomaden die Lebensgrundlage. Vieh war der Inbegriff ihres Reichtums. Das Wort Kapitalist bedeutete ursprünglich Besitzer von viel Capita (*deutsch:* Kopfzahl; von Rindern); im Englischen bedeutet Fee – verwandt mit dem deutschen Wort Vieh – eine Geldsumme. Und das Wort pekuniär (*deutsch:* das Geld betreffend) ist dem lateinischen Wort pecus, für Vieh, entliehen.

Wenn ein Gebiet in der Grassteppe abgeweidet war, dann war der Stamm gezwungen weiterzuziehen. Dabei kam es häufig zum Streit mit anderen Hirtenstämmen. Um Weideflächen zu erobern und Viehdiebstahl abzuwenden, brauchte es eine schlagkräftige, blutsverwandte Kriegertruppe, auf die Verlass war. Da wäre ein Verwandtschaftssystem, das auf der mütterliche Linie beruht, nur hinderlich, denn die eingeheirateten Frauen sind nicht miteinander blutsverwandt; sie müssen mit den Männern und den Herden mitziehen. Bei Hirtenvölkern, wie den Indoeuropäern, Arabern oder den alten Hebräern, wird das Verwandtschaftsverhältnis allgemein durch die männliche Abstammungslinie bestimmt, der auch das Vieh gehört.

Bei den Pflanzer- und Ackerbauvölkern spielt die Mutter Erde und die Pflanzengöttin eine wichtigere Rolle als bei den Hirtenvölkern, wo der männliche, kriegerische Aspekt des Göttlichen in den Vordergrund rückt. Gott wird als Vater und Krieger imaginiert.

Die Indoeuropäer, auch Kurgan-Völker genannt, überrannten mit ihren von Rossen gezogenen Streitwagen die alten Siedlungsgebiete. Wie der Sonnengott, der auf seiner von vier Pferden gezogenen, zweirädrigen Quadriga seine Bahn über den Himmel zieht, so zogen auch sie in die Schlacht. Für sie war die Sonne kein mildes Weib, sondern ein stolzer und unbesiegbarer Speerschleuderer oder Pfeilschütze. In fast allen europäischen Hauptstädten gibt es Statuen und Monumente mit Quadrigen, wie etwa in Berlin auf dem Brandenburger Tor oder das Vierergespann am Markusdom in Venedig, das noch aus römischer Zeit stammt. Auch das indische Heldenepos, die *Mahabharata*, erzählt vom heldenhaften Bogenschützen Arjuna, der in einem solchen Gespann ins Schlachtengetümmel fährt – der Wagenlenker ist übrigens Gott (Krishna) selber. All diese Vorstellungen sind Erinnerungen an jene Hirtenvölker, die mit Ross und Wagen einen Siedlungsraum von der Grenze Chinas bis ins Gangestal, vom Nahen Osten bis nach Nordwesteuropa eroberten.

Die Waffen der frühesten indoeuropäischen Invasoren bestanden noch aus Bronze, doch bald sollten sie aus Eisen sein. Indoeuropäer im Raum des Schwarzen Meeres schmiedeten die ersten Eisenwaffen (um 1200–1000 v. Chr.). Sie waren auch die Ersten, die Pferde zähmten, während alle anderen Stämme die Wildpferde noch als Fleischquelle jagten.

Diesen Steppenkriegern, die in Wellen immer wieder den Westen Eurasiens überfluteten, hatten die Eingeborenen wenig entgegenzusetzen. Sie wurden unterjocht. Alle Mythen und Märchen, die mit magischen Pferden, Hufeisen, schmiedenden Zwergen, Zauberschmieden – wie etwa Wieland oder Mime, bei dem Siegfried das Schmieden lernt – oder Sagen von Königen, die ein Eisenschwert aus einem Stein ziehen, haben ihre Wurzeln in der Kultur der Steppennomaden. Verehrung der Rinder, vaterrechtliche Erbfolge, eine Religion der Himmelsgötter, angeführt von einem himmlischen Vater, der eine wichtigere Rolle spielt als irgendwelche Erd- und Muttergöttinnen, gehen auf diese indoeuropäische Sprachen sprechenden, Völker zurück. (Die Sprachfamilie wird so genannt, weil sie sich von Westeuropa bis ins indische Gangestal erstreckt.)

Trotz dieser Überlagerung blieb dennoch vieles von der Kultur der Ureinwohner erhalten – darunter auch Märchenmotive. Kaum jemand weiß, dass noch immer ein Drittel des Wortschatzes der germanischen Völker – der Deutschen, der Niederländer, der Engländer und der Skandinavier – nicht indoeuropäischen Ursprungs ist, sondern zur Sprache der Ureinwohner gehört. Es sind alltägliche Worte, die mit dem Meer zu tun haben, wie See, Schiff, Ruder, Mast, Sturm, Strand, Sand, Ebbe oder Steuer; die Himmelsrichtungen Ost, Süd, Nord, West; Namen von Fischen wie Karpfen oder Aal; Tiere wie Wolf, Bär; Alltagswörter wie Heim, Zimmer, Weib, Ochse, Lauf und so weiter.

Kelten, eine paneuropäische Kultur

Aber auch die indoeuropäischen Eroberer, die stolzen kriegerischen Reiter, mussten sich anpassen. Das feuchte, grüne Land und die im atlantischen Klima üppig wuchernden Urwälder nahmen die Seelen der ehemaligen Steppenkrieger in Besitz. Die endlosen Grasflächen und den alles überspannenden Himmel, wo der Blick von Horizont zu Horizont reicht, hatten sie hinter sich gelassen. Auch wenn sie nun die Herren waren, sie mussten sich der Macht der Waldgötter beugen. Sie waren gezwungen, in den Rodungen eine bäuerliche Lebensweise anzunehmen. Und die einheimischen Frauen, die sie sich nahmen, kannten noch immer die Geister des Waldes und die Götter des Landes. Sie kannten die heiligen Quellen und die Orte der Kraft, und verehrten weiterhin die alte Göttin und ihren Begleiter, den Hirschgott.

Allmählich vermischten sich die brandrodenden Ureinwohner mit den berittenen Eindringlingen. Die beiden großen kulturellen Strömungen verschmolzen zu einer einheitlichen bäuerlichen Kultur, bestehend aus Ackerbau und Viehzucht. Sie lebten als Großfamilien auf Einzelhöfen mit ihren Nutztieren unter einem Dach. Die Arbeitsteilung bestand darin, dass die Frauen sich um Haus und Gemüsegarten kümmerten; den Frauen oblag das Heilen von Mensch und Vieh, das Salbenrühren und Heilkräutersammeln, das Getreidemahlen, Backen und Bierbrauen, das Spinnen und oft das Weben, das Färben, Nähen und die Kleiderherstellung, das Hüten des Herds – dem Herz des Hofs – und das Versorgen des Kleinviehs. Das Männervolk dagegen ackerte, schlug Holz im Wald, baute und zimmerte, pflügte den Boden und kümmerte sich um

Rosse und Rinder. Das war eine praktische, funktionelle Arbeitsteilung. Beide Geschlechter melkten die Kühe, fütterten das Vieh, sichelten Gras oder Getreide oder jäteten die Äcker. Bei der Ernte schnitten die Männer das Korn – die Sense ist übrigens eine keltische Erfindung – und die Frauen banden die Garben zusammen. (Heute, wo Maschinen und Roboter die Schwerstarbeit leisten und Männer und Frauen mit gleicher Effizienz nur noch Knöpfe und Tastaturen drücken müssen, versteht man diese einst gut funktionierende Arbeitsteilung nicht mehr.)
Die Träger dieser kulturellen Synthese waren vor allem die Kelten. Um 1000 vor unserer Zeitrechnung wird diese Kultur, zuerst nördlich der Alpen – in Böhmen, Bayern, Österreich und der Schweiz – erkennbar. Fünfhundert Jahre später expandierte die keltische Kultur nach Westen bis nach Spanien, Westfrankreich und den Britischen Inseln, nach Süden bis Norditalien, den Balkan – Belgrad ist eine keltische Gründung – und bis nach Kleinasien, wo die im Neuen Testament erwähnten Galater siedelten. Archäologen haben sogar weit im Osten, in Russland, keltische Siedlungen entdeckt. Es war die erste wirklich paneuropäische Kultur. In einer Zeit, in der ein vereinigtes Europa gemeinsame Wurzeln sucht, ist das bedeutsam.

Der Hirsch und weitere heilige Tiere der Kelten

Die geistige Führung der Kelten[4] lag nicht mehr in den Händen von Schamanen oder Opferpriestern wie bei den Nomaden, sondern bei den »Waldweisen«, den Druiden (*von keltisch* *dru *für*

Eiche, Holz, Baum *und* *vid *für* sehen, wissen). Diese kleideten sich in Hirschleder und lebten im Wald »wie Hirsche«, wo sie eine 20-jährige Lehrzeit verbrachten. Der Hirsch war das Totemtier der Druiden. Cernunnos, der alteuropäische Waldgott mit Hirschgeweih, den die Menschen als Herr der Tiere und des Wachstums, als Gott der Unterwelt und als »Sonne in der Tiefe« verehrten, wurde ein wichtiger Teil ihres Götterpantheons. Als Verkörperung des Sonnengottes selber steigt er herab und befruchtet die Göttin. Auch im südlichen Europa, in der Antike, sah man den Hirschgott mit Artemis, der Göttin der Wildnis und Hüterin der Geburt, durch die Wälder ziehen.

Schließlich übernahmen sogar die Christen dieses Bild: Christus erschien dem Jäger Hubertus als Hirsch, zwischen dessen Geweih die Sonne strahlte. Ganz vergessen haben wir ihn bis heute nicht: Man findet ihn auf dem Etikett eines allgemein bekannten Kräuterschnaps; als röhrender Hirsch ist er eine beliebte Dekoration an Wohnzimmerwänden und über dem Stammtisch von so manchem Wirtshaus; nicht selten schmückt noch heute ein Hirschhaupt den Giebel alter Waldbauernhäuser; und die örtliche »Hirschapotheke« erinnert uns daran, dass der Hirsch als bester Kenner der heilkräftigen Kräuter galt. In vielen Märchen und Sagen ist es ein Hirsch, der als Bote der Anderswelt den jagenden König in die Tiefen des Waldes, zum Rendezvous mit seinem Schicksal lockt. So auch in dem Märchen *Die sechs Schwäne* *(siehe Seite 201)*.

Der Hirsch, das Sonnentier, springt, goldenes Licht zwischen dem Geweih tragend, über den Jahresbogen hinweg. Bronzezeitliche Felsritzungen in Schweden zeigen einen von Hirschen gezogenen Sonnenwagen. Die Symbolik passt, denn das Geweih des

Rothirschs wächst im Einklang mit den Jahreszeiten. Im Februar, zu Lichtmess, wenn die jungfräuliche Weiße Göttin erscheint und in begünstigten, wärmeren Landstrichen die Aussaat beginnt, fängt das Hirschhorn an zu wachsen – daher auch der alte Monatsname Hornung! Die Stangen sind durchblutet und mit einer braunen, samtigen Basthaut überzogen, im Hochsommer ist das Geweih dann ausgewachsen, im August, wenn die Erntezeit beginnt, ist das Wachstum beendet. Nun wird das Geweih blank gerieben (gefegt) und nach der Brunst, im Winter, wird es abgeworfen. Das Wachstum des Fells folgt ebenfalls dem Sonnenzyklus: Im Mai, wenn die Vegetationsgöttin den Sonnengott heiratet, bekommt der Hirsch sein rotbraunes Sommerfell; im Herbst zur Zeit der Ernte wird das Fell graubraun und borstig.

Ein weiterer alteuropäischer Mythenkomplex stellt den Sonnenhirsch als Sohn des Himmels dar. Seine Geliebte ist das Blumenmädchen, die Göttin der Vegetation, die schöne junge Tochter der Erdmutter. Innig lieben sich Sonne und Pflanze. Reigen tanzend, bewegen sie sich durch den Jahreskreis. Im Einklang mit der erstarkenden Frühlingssonne keimt, sprießt und sprosst ihr grüner Körper. Je stärker die Sonne wird, desto mehr öffnet die Blumenbraut ihre Blütenkelche dem Sonnenlicht und lässt sich befruchten. Nach der Mittsommerzeit wandert die Sonne wieder hinab in die niedrigeren Tierkreiszeichen. Im Herbst, wenn sie immer mehr an Strahlkraft und Wärme verliert, geht es auch mit der Vegetation abwärts. Das Laub wird bunt und fällt von den Bäumen, die Kräuter versamen und verwelken. Und wenn die Sonne im trüben, kaltnebeligen November altersschwach wird, zieht sich auch die Vegetationsgöttin in die Erde zurück, ins Reich der Hollemutter. Dort, in den Wurzelknollen, Knospen und Samen, verharrt sie im Dornröschenschlaf, bis der Kuss ihres wiederauferstandenen Geliebten sie erneut zum Leben erweckt und der kosmische Liebesreigen von Neuem beginnt.

Wenn die Sonne der Hirsch ist, dann sind die Pflanzen die Hinde, die Hirschkühe, die ihr folgen. Viele Heilkräuter, wie die blaublühende Wegwarte, trugen einst Namen wie Hindläufte (laufende Hirschkuh), Sonnenbraut oder Sonnenwirbel. Keinem will sie sich hingeben, außer der Sonne, ihrem Bräutigam. Sie gehört einzig ihrem Geliebten, dem Sonnenhirsch, nur er darf sie berühren. Da muss der Kräutersammler achtgeben, wenn er ein Kraut brechen oder eine Wurzel ausgraben will. Besonders vor aggressiven Eisenwerkzeugen schreckt sie zurück. Aus diesem Grund nahmen die Wurzelkundigen ein Hirschhorn zur Hand, wenn sie eine Heilwurzel auszugraben gedachten. Auch vergoldete Messer konnten benutzt werden, um Kräuter zu schneiden, denn Gold ist das Metall der Sonne. Gold und Hirschgeweih bedeuten für die Pflanzengöttin die Gegenwart ihres Geliebten. Kupfer, ein altes Metall, das einst in der Antike der Liebesgöttin Venus geweiht war, ginge notfalls auch. Alles andere würde sie von sich weisen, sie würde ihre Liebeskraft zurückziehen. Aber es ist gerade diese weibliche Liebeskraft – das Shakti, wie es die Inder nennen –, die in den Heilkräutern heilend wirkt. Davon waren die alten Heiler überzeugt. Die Idee von molekularen Wirkstoffen war nicht Teil ihrer Wirklichkeit.

Die keltischen Krieger wählten den Bären oder den Wildschweineber – beides Waldtiere – als ihr Totemtier. Der Bär galt als »König des Waldes«, ebenso wie der in Bärenfell gehüllte Kriegerfürst der König des Stammes war.

Das in der Erde wühlende, überaus fruchtbare und begattungsfreudige Schwarzwild war der Erdgöttin mit dem Kessel geweiht. Ceridwen, die walisische Göttin des Korns, des Neumonds und der Fruchtbarkeit trug den Ehrentitel »alte Bache« (Wildsau) und Arduinna, die Namensgeberin der Ardennen, reitet auf einem Wildschwein durch die Wälder. Für Wald- und Ackerbauvölker war das Schwein schon immer Symbol der Fruchtbarkeit, des Reichtums und der Lebensfreude. Noch heute lieben und schätzen wir Glücksschweine ebenso wie unser Sparschwein. Die Kelten und ihre Götter liebten gepökeltes und gebratenes Schweinefleisch. Sie gaben sogar ihren Verstorbenen geräucherte Schinken als Grabbeigabe mit. Und für keltische Fürsten war es eine Ehre, einige Zeit als Schweinehirt verbracht zu haben.

Den Steppennomaden und Hirtenvölkern dagegen waren Schweine ein Gräuel. Sie lassen sich ja nicht wie anderes Vieh treiben und sie brauchen schlammige Kuhlen, um sich zu suhlen. Semitische Hirtenvölker erklärten sie zu abscheulichen, unreinen Tabu-Tieren. Die Feinde der Hirtennomaden, die Ägypter und Babylonier dagegen, verehrten das Schwein als heiliges Tier der Großen Göttin, jener Göttin, die in der Bibel als Hure von Babylon verleumdet wird. Auch Jesus treibt Dämonen in eine Herde unschuldiger Schweine, sodass sie ins Meer stürzen und ertrinken. Der Versuch der christlichen Missionare, die europäischen Heiden von ihrer Schweineliebe abzubringen, schlug allerdings ganz offensichtlich fehl.

Über die Kraft des Zaubers und der Illusionen

Für die alten Völker Nordeuropas war die Welt, in der wir leben, keine konkrete materielle Angelegenheit, kein Gegenstand, der sich analytisch zergliedern ließ. Das, was ihre Welt ausmachte, war ein Zauberbann, ein Spell, dem alle unterliegen. Das englische Wort Spell (*germanisch:* *spellon) bedeutete ursprünglich Zauberformel und ist verwandt mit dem deutschen Wort Spiel. Ein Spell wirkt so, wie das Spielen der Fiedel, das bei den Zuhörern tiefe Gefühle und innere Bilder hervorzaubern kann. Der Gesang des Sängers oder die mächtigen Worte des Barden tun das ebenfalls. Bei den Naturvölkern sind es die Schamanen, die mit ihrem Gesang, dem Trommelspiel und ihren theatralischen Vorstellungen das, was Wirklichkeit genannt wird, ins Dasein bringen. Jedes Volk, jede Kultur hat ihren Zauber. Und auch jede Zeit hat ihren Zauber, den man heute Zeitgeist nennt. Auch unsere Welt ist nichts Absolutes. Es ist nicht so, wie viele Menschen heute denken, dass es nur eine objektive Welt gibt, die es zu entdecken gilt. Auch unsere heutige, wissenschaftlich ge- und vermessene Welt ist lediglich eine moderne Verzauberung, mitgeprägt durch das Fernsehen, Hollywood-Kino, moderne Medien, Zeitschriften (wie den *Spiegel*, den alle Lehrer lesen), unser Schul- und Erziehungswesen, Universitäten, Wissenschaften und empirische Forschung, Rock, Pop, Werbung und vielem mehr.

Jeder Zauberbann hat seine Zeit. Kein Zauber hält ewig an – manchmal nur kurz, manchmal Monate, manchmal jahrelang. Es kommt darauf an, wie meisterhaft und sorgfältig der Zauber gewoben wurde. Einige Spells, die ganze Völker verzaubern, dauern zwölf, andere 40 Jahre oder gar ein Jahrtausend, aber früher oder später vergehen sie alle. Stärkere Zauber können schwächere Zauber brechen. Die Schamanin kann heilen, weil ihr Zauber, mit Hilfe der Kräuter und Geister, stärker ist, als der Zauber der Krankheitsdämonen.

Manche Zauber sind gut, verbreiten Freude und Zuversicht. Andere Zauber sind nicht gut, sie machen den Menschen Angst und knechten sie. Das Wort Gospel bedeutete auf englisch good spell, also guter Zauber. Unter sogenannten Eichen des guten Zaubers (*englisch:* gospel oaks), predigten in freier Natur christliche Missionare den Angelsachsen das Evangelium.

Was uns hier interessiert, ist der Zauber, beziehungsweise die Welt, in dem bzw. der unsere Vorfahren lebten, ebenjener Zauber, in den die Kelten, Germanen, Balten und Slawen hineingeboren wurden. Diese alten Waldvölker lebten nicht auf einem rotierenden Planeten, der in einem expandierenden All – den Gesetzen der Schwer- und Schwungkraft folgend – als kleine blaue Kugel, um die ein strahlendes Fusionskraftwerk kreist. So etwas Abstraktes kann man mit dem Kopf denken, aber es ist nichts, was der Mensch unmittelbar und persönlich wahrnehmen kann. Was wir wirklich erleben, und was unsere Sinne schon seit vielen 100 Millionen Jahren erlebt haben, ist Folgendes: Wir stehen mit unseren Füßen auf der Erde, aus dem feuchten Erdboden sprießen die Pflanzen, im Untergrund leben Würmer, Käfer und andere Lebewesen und über uns sehen wir den blauen Himmel, Wolken und Sonne, und, nachts, den wandelnden Mond, die wandernden Planeten und die Sterne. Bei all dem befinden wir uns in der Mitte, im Zentrum, in einem schönen Bereich, den die Germanen Midgard oder Mittelerde nannten.

Und wenn diese naturverbundenen Menschen innehielten und in den Spiegel ihrer Seele schauten, dann zeigte sich ihnen die Erde als eine Göttin, die alle nährt, und die Sonne als eine strahlend schöne Gottheit. Überhaupt war alles beseelt und ansprechbar. Auch die Sterne waren Götterwesen, die immer wieder auf die Erde hinabstiegen und mit denen auch die Menschen verkehrten. Die Zauberin und der Zauberer konnten – im Zustand der Ekstase – zum Mond fliegen und den Mondwesen begegnen. Auch tief in die Erde konnten sie reisen. Nicht geologische Ablagerungen nahmen sie darin wahr, sondern Lichtreiche voller Gnome, Zwerge und Drachenwesen. Und sie wussten, dass tief, tief im Schoß der Erde die Frau Holle, die Urmutter, lebte.

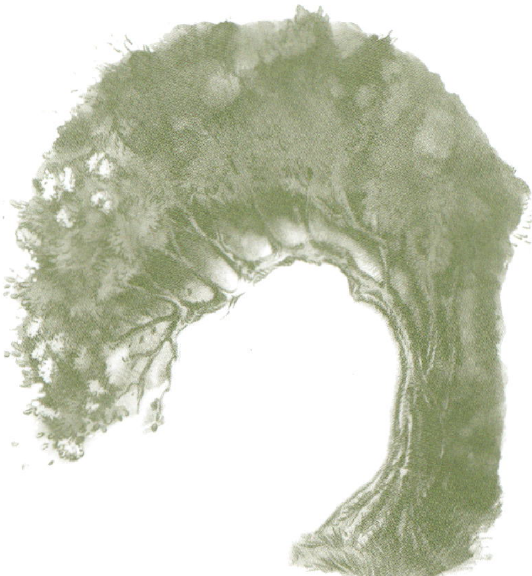

Nachwort

Wenn die Märchen verstummen,
verdunkelt sich unser Lebensweg!

Wolfdietrich Siegmund,
Tiefenpsychologe

Es gäbe noch viel über die Alte Göttin, ihren gehörnten Gefährten und ihre heiligen Pflanzen zu erzählen. So viele Märchen handeln von ihnen. Aber es ist Anfang April und ich sehe, dass allmählich der Schnee taut, Hasel und Maikätzchen beginnen zu blühen und der Garten ruft nach mir. Auch ist noch nicht alles Holz für den kommenden Winter gesägt und gespalten. Da höre ich nun lieber auf zu schreiben, gehe hinaus und lasse mich inspirieren, sodass ich auch nächstes Jahr wieder etwas erzählen kann.

Danke an Christine Teufel, die mir die Anregung gegeben hat, dieses Buch zu schreiben.

Anmerkungen

1 Rauhnächte, nicht Raunächte; vom mittelhochdeutschen *ruch, „haarig", nicht von rau (uneben).

2 Duerr, Hans Peter, *Sedna oder Die Liebe zum Leben. Frankfurt am Main: Suhrkamp, 1990*

3 Mehr zum Thema, siehe Wolf-Dieter Storl, *Der Bär. Aarau, Schweiz: AT-Verlag, 2012*

4 Siehe Wolf-Dieter Storl, *Die Pflanzen der Kelten. Aarau, Schweiz: AT-Verlag, 2014*

Über den Autor

Wolf-Dieter Storl, geboren am 1.10.1942 in Sachsen, ist Kulturanthropologe und Ethnobotaniker. Als Elfjähriger wanderte er 1954 mit seinen Eltern nach Amerika (Ohio) aus, wo er die meiste Zeit in der Waldwildnis verbrachte. Nach Grundschule und High School wollte er sich den Pflanzen widmen, schrieb sich als Botanikstudent an der Ohio State University ein, wechselte aber, vom Laborbetrieb angeödet, bald zur Völkerkunde (Anthropology). Nach dem Abschluss wurde er Assistent, dann Vollzeitdozent für Soziologie und Anthropologie an der Kent State University (Ohio). 1974 promovierte er als Fulbright Scholar zum Doktor der Ethnologie (magna cum laude) in Bern, Schweiz. Es folgten Lehrstellen am Institute for International Studies (Wien), am Rogue College (Oregon), am Seminaire pour la Formation de Socio-Therapeutes (Genf), als Gastdozent an der Universität Bern, als Visiting Scholar an der Benares Hindu University, als Lehrbeauftragter am Sheridan College (Wyoming).

Gärtnern, aber noch mehr die wilde, ursprüngliche Natur, die Wildpflanzen und Tiere, waren immer schon eine Quelle der Inspiration für ihn und formten seine Lebensphilosophie. Von den Cheyenne und anderen traditionellen Völkern in Asien und Afrika, sowie von den Überlieferungen und Erzählungen europäischer Bauern und Kräuterkundigen, erfuhr er viel über das Wesen der Pflanzen, über ihre »spirituellen« Dimensionen. Pflanzen sind für ihn nicht nur botanische Gegenstände, sondern haben, durch ihre Wechselbeziehung mit den Menschen, auch eine kulturelle, sprachliche, heilkundliche und mythologische Identität. Die traditionelle Pflanzenheilkunde der indigenen europäischen Waldvölker, der Kelten, Germanen und Slawen sowie des frühchristlichen Mittelalters, sind gegenwärtig seine Hauptinteressensgebiete. Diese Forschungen machen den Inhalt des Großteils seiner Bücher aus. Seit 1988 lebt er mit seiner Familie im Allgäu, streift durch die Wälder, gärtnert, schreibt Bücher und bietet einige Seminare an.